図解

人を魅了する暗示の技術

心理学者 内藤誼人

KKベストセラーズ

もくじ

人を魅了する暗示の技術

第4章

部下を動かす暗示の技術

第5章

一瞬で効く暗示の会話術

第6章

自分を強くする自己暗示術

第7章

暗示の高等テクニック

第8章

場の力で暗示をかけろ

はじめに

あなたは「**暗示**」という言葉を聞いて、どんな姿を思い浮かべるだろうか。

インチキ臭い催眠術みたいなもの？

おまじないみたいなもの？

要するに、迷信や気休めのようなもの？

もしもあなたがそんなつまらない先入観に縛られているとしたら、あなたはこれまでの人生で大きく損をしている。筆者にいわせると「暗示なんて迷信みたいなもの」という考えこそ、迷信レベルの誤解なのである。

そして暗示の効果を疑っているあなた自身も、日常のいたるところで暗示をかけられ、何者かによって動かされているのだ。

それでは、暗示とはどのようなものなのか？

まずは手元の辞書を引いてみよう。『広辞苑』（第六版）によると、暗示は「感覚・観念・意図などが、理性に訴えることなく無意識のうちに他人に伝達される現象」だとされている。

やや難しい言い回しになっているが、ポイントは簡単だ。ここで注目してほしいのは「無意識のうちに」という言葉である。

そう、**暗示とは相手の「理性」ではなく、「無意識」に直接働きかけ、相手を誘導していくコミュニケーション術**なのだ。

このため、暗示テクニックを覚えると、次のような効果が期待できる。

- **相手を自分の意のままに動かせる**
- **あなたのために動いてくれるだけでなく、〝自ら喜んで〟動いてくれるようになる**
- **簡単に好意を取りつけ、人気者になれる**

・「YES」を「NO」に、「NO」を「YES」に変えることができる
・人間関係のあらゆる衝突を避けることができる

しかも、相手はまったく気づかない。無意識のうちにあなたの主張を受け入れてしまう。あなたに操られているだけなのに、自分の意思で動いたと思ってしまう。

ある意味、かなりきわどいテクニックだ。

もちろん、暗示に特別な道具など必要ない。

漫画に出てくる催眠術師のように、相手の目の前に5円玉をぶら下げる必要もない。

ちょっとした言葉、ちょっとした仕草、ちょっとした演出をするだけで、相手は意のままに動いてくれる。

本書では、そのテクニックを存分に紹介していくつもりだ。


そしてもうひとつ、忘れてはならない暗示がある。

自分自身に暗示をかける**「自己暗示」**だ。

われわれは自分の性格を変えることは難しい。しかし、自分に暗示をかけることは

簡単だ。人見知りだろうと、ネガティブ思考だろうと、気の弱さだろうと、ちょっとした暗示テクニックを使うだけで、いくらでも改善することができる。

逆に、こう考えることも可能だ。

仕事や人生がうまくいっていない人は、自分にマイナスの暗示をかけているのだ、と。たとえば「失敗」の暗示がかかっている人は、本当に失敗する。そして厄介なことに多くの人は、自分が自分にどんな暗示をかけているのかを知らないのだ。

暗示は劇薬である。

心理学者の目から見れば、偉大な大統領も、カリスマ経営者も、そして悪徳詐欺師も、みな暗示テクニックの上級者だ。

本書で紹介する暗示という名の劇薬を、誰に対してどんな場面で用いるかは、ひとえにあなたのモラルにかかっている。くれぐれも悪用することのないよう、筆者として言い添えておきたい。

内藤誼人

暗示の技術

第1章

誰でもできる
暗示の基礎テクニック

まだ暗示の効果を疑っている読者は多いはずだ。
そこで第１章では、
簡単な暗示の基礎テクニックを紹介していこう。
論より証拠、百聞は一見にしかずである。
まずは簡単な暗示を試して、その効果を実感してほしい。

暗示の技術

01 人の性格は簡単に言い当てられる

血液型占いが当たる本当の理由

暗示テクニックの第一人者といえば、占い師だろう。

筆者はここで、世間の占い師たちが本物であるかどうかを論じるつもりはない。

ただひとつ断言できるのは、占いはさほど難しいものではない、ということだ。特に、性格に関する占いであれば、ほぼ100％的中させることができる。

たとえば、占い師が水晶に手をかざしながらこう指摘したとしよう。

「なるほど、人間関係に曇りが見えますね」

こんなもの、当たるに決まっている。人間関係に悩みのない人間なんていないからだ。

しかし、占い師はもっと狡猾《こうかつ》である。次のような言葉を聞いて、あなたはどう思うだろうか？

「明るく振る舞っているけれど、本当は繊細なのね」

「フラフラしているように見えて、芯が強い人ね」

「意外と頑固なところがあるわね」

「本当はすごく寂しがり屋さんでしょ？」

どうだろう、ズバッとこんなことを言われたら、いずれも当たっているように聞こえないだろうか？

これは心理学で「バーナム効果」と呼ばれるもので、**われわれは自分の性格を直言されると、思わず「そのとおり！」と思ってしまう**のだ。

そこで、他者の心をつかみたいなら、まずバーナム効果で相手の性格を言い当てよう。

言葉はなんでもいい。適当に「お前って根は優しくて、繊細だからな」とでも言っておこう。

そうすれば相手は「自分のことをわかってくれるのはこの人だけだ！」と心を開いてくれるはずである。

相手の信頼を勝ち取ることなど、意外なほどたやすいのだ。

人の性格は「必ず」言い当てられる

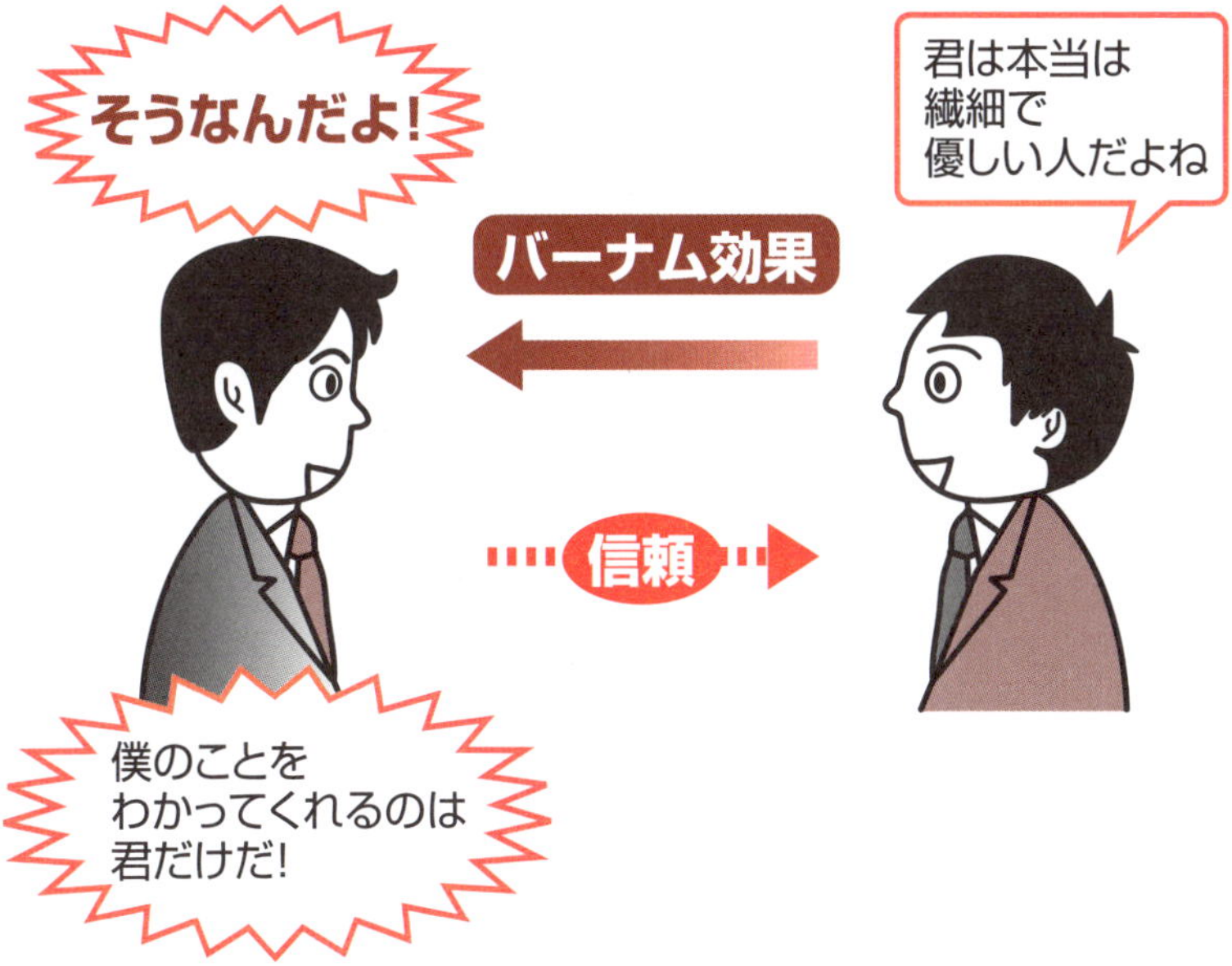

バーナム効果を利用すれば簡単に信頼を勝ちとることができる

◎人の自己認識なんていい加減

ノルウェーの企業研究員、ポーリン・アンダーセンは、ノルウェー大学との共同研究でおもしろい実験をおこなっている。

アンダーセンらは、75名の大学生を集めて、インチキの性格診断テストを実施した。そして大学生たちに「性格診断テストの結果が出ました。これがあなたの性格です」と、性格分析が書かれた紙を手渡した。もちろん、ここに書かれているのは完全にでたらめな性格分析である。

ところが、大学生たちは一様に「当たっている」と答えたというのだ。

典型的なバーナム効果の例といえるだろう。

02 相手の進路にレールを敷け！

ラベルを貼って相手を誘導しろ

相手の性格を言い当てて信頼を勝ち取るだけでは、まだまだ本格的な暗示とは呼べない。

そこで次のステップとして、相手を自分の思いどおりに「誘導」することにしよう。

方法は簡単だ。相手に対して「あなたはこんな人」という暗示をかけ（ラベルを貼り付け）、そのとおりの行動を促していけばいい。心理学ではこれを「ラベリング効果」という。

データから紹介しよう。ペンシルバニア大学の心理学者、ロバート・クラウトによる実験だ。

主婦500名を2グループに分け、どちらの家にも慈善団体のボランティアを装った調査員が訪問する。このとき、一方のグループだけに「あなたはとても慈悲深く、親切そうな方ですね」と言葉をかけておく。「親切な人」という〝ラベル〟を貼り付けるわけだ。

そして再訪問して寄付を呼びかけると、「親切な人」のラベルを貼られた人のほうが、たくさん寄付をすることがわかった。

これは仕事やプライベートのさまざまな場面に応用できる。

たとえば部下に対して、普段から「君は優しいよな」「君みたいに素直な人はなかなかいないよ」とラベルを貼りつけておく。

そうすると、多少の無理難題を押しつけても、彼は断れない。つい「優しい自分」として行動してしまうので、上司からの申し出を拒否できなくなるのだ。

感覚的には、相手の進路にレールを敷いてやるようなものである。もちろん、**相手は他人に敷かれたレールの上を自分が走っているなどとは思わない。**それが暗示の怖さであり、魅力なのだ。

行動の前に心を動かせ!

相手にラベルを貼り付けておくと
そのラベルに見合った行動をとって
くれる

暗示の技術

03 映像をイメージさせろ

信憑性のカギはディテールだ

暗示テクニックの大原則として、「なるべく詳しく、具体的に語る」というものがある。

たとえば、あなたが会社を休むときに「風邪を引いたので休ませてください」と電話をしても、本当に風邪なのか疑う人は多いだろう。

しかし、これが「昨日の夕方からぞくぞくした悪寒があって、鏡で確認すると喉が赤く腫れ上がっていました。朝になって熱を測ったら38度3分で、椅子に座っているのもつらい状態です」と、詳細に説明したらどうだろうか。きっと上司も「病院に行って、ゆっくり休んでいなさい」と心配するだろう。

ワシントン大学の心理学者、ブラッド・ベルの実験によると、詳細にわたって説明するほど、その話の信憑性が32％も高まることが確認されている。

とはいえ、細部まで具体的に説明するのはそう簡単ではない。そこで心掛けてほしいのが「映像をイメージさせる」という話し方だ。

たとえば、ダメな営業マンは商品の「性能」を説明する。他社製品に比べていかに優れているか、数字を挙げながら事細かに説明する。しかし、これではお客の心を動かすことなどできない。

できる営業マンは、ここで「シチュエーション」を説明する。最新式のフードプロセッサーで餃子をつくったときの、食卓を囲む家族の笑顔。サンルーフ付きの車で海岸線をドライブする心地よさ。商品を説明せず、自分が商品を使っている姿をイメージさせるのだ。

こうすれば、もう余計なセールストークはいらない。**相手は勝手に妄想を膨らませ、自分から歩み寄ってくるだろう。詳細にもっともらしく語ると、たとえウソでも信憑性が増してくるのだ。**

なるべくディテールにこだわれ

風邪を
引いたので
休ませてください

信憑性なし

熱は
38度3分で
昨日の夕方から
悪寒がして
椅子に
座っているのも
つらい
喉も真っ赤に
腫れ上がって

信憑性あり

**たとえウソでも詳細に語られると
信憑性が増してくる**

04 要点を短くまとめろ！

シンプルさが人の心を動かす

結婚式のスピーチほどつまらなく、また記憶に残らない言葉もないだろう。むしろ聞いていて苦痛ですらあるのが結婚式のスピーチだ。

これは彼らの話している内容が悪いわけではない。内容以前に〝長い〟のだ。話の長さが列席者をイライラさせるし、記憶に残らないものにする。

ブランダイス大学の心理学者、ノラ・マーフィーは次のような実験をおこなっている。

まず、大学生たちの会話している様子をビデオ撮影する。そして、別の判定者にこのビデオを見せて、ビデオに登場する学生たちのＩＱをそれぞれ予測してもらった。

その結果、各トピックをわかりやすく話すことのできた学生ほど「ＩＱが高そうだ」と評価されることが明らかになった。

つまり、要点をシンプルにまとめる学生ほど頭がいいように見えるし、その主張も正当なものとされたのだ。

かの有名なリンカーンの「人民の、人民による、人民のための政治を地上から撲滅させないために……」という名演説も、じつはわずか2分間程度のものだった。もしこれが2時間にわたる演説だったなら、こうして後世に語り継がれることもなかったかもしれない。

また、**どうしても長い説明が必要な場合は、そこに短い「決めゼリフ」を織り交ぜよう。**ちょうど選挙期間中のオバマ大統領が「ＹＥＳ　ＷＥ　ＣＡＮ！」の3ワードを駆使したように、だ。

こうすると、たとえ前後の話が退屈だったり難しかったりしても、なんとなくわかった気になるし、正しい気がしてしまうのだ。

特に会議などで議題をリードしたいときには、この手法を使うといいだろう。

長い話には「決めゼリフ」を入れろ

×

えー、つまり
この金融危機を
乗り越えるには
まず不良債権の
処理が…

- 話が長く
  わかりにくい
- 頭が悪く見える
- 信用できない

一般の政治家

○

……と問題は
たくさんありますが、
Yes, we can!
アメリカは必ず
復活します！
決めゼリフ

- 話がシンプルで
  わかりやすい
- 頭がよく見える
- 信用できる

オバマ大統領

**決めゼリフが入ると
前後が退屈でも印象に残る**

05 多数意見をでっち上げろ

「みんな」の声には逆らえない

相手の意見を変えようとするとき、あなたが「自分の意見」を押しつけても、相手は抵抗を示すだけでなかなかうまくいかない。

そこで、ウソでもかまわないから「みんなの意見」を提示しよう。具体的には、主語を「僕」や「私」の一人称から「みんな」に変えてしまうのだ。

「**部署のみんな**も言ってたんだけど…」

「**みんな**迷惑してるんだよね、それ」

「こちらは、**みなさん**お買い上げいただいてる大人気商品なんですが」

こうして多数派の意見を突きつけられると、人は思わず流されてしまう。心理学で「同調効果」と呼ばれる働きである。

フロリダ・アトランティック大学の心理学者、ビブ・ラタネは、744名の被験者を対象に、同調効果について次のような実験をおこなった。

実験は被験者たちに「みんなで1つだけ好きな色を選ぼう」という簡単なゲームだ。このとき、サクラの参加者たちが特定の色を指定していくと、約31%もの人がサクラの意見に同調することがわかった。

ちなみに、たった1つの要因で31%もの人が動くというのは、心理学的にかなり高い数値である。さまざまなイベントにサクラが動員されるのには、同調効果という心理学的な理由があるのだ。

そこで今日からは、会話の中にうまく「みんな」を潜り込ませてみるといいだろう。

あなたの意見では動いてくれない人も、「みんな」の意見だったら動くのだ。これはべつにあなたが軽んじられているわけではない。「みんな」という多数派の存在が強すぎるだけなのである。

主語を「みんな」にすり替える

「みんな」の意見を持ち出すことで
相手の心は簡単に動く

06 理由に正当性はいらない

理由がなくても人は動く

自分の意見を通そうとするとき、どんな理由を持ち出せば相手が納得してくれるか頭を悩ませる人は多い。

しかし、心理学の世界には「どんないい加減な理由でも相手は動く」というデータがある。ハーバード大学のエレン・ランガー教授による、有名な実験報告だ。

実験では、これからコピーをとろうとコピー機の前にいる人に対して、次のように願い出る。

〈パターンA〉「すみませんが、先にコピーをとらせていただけませんか?」

〈パターンB〉「すみませんが、コピーをとらないといけないので、先にコピーをとらせていただけませんか?」

まず、Aは通常の申し出だが、「急いでいる理由」や「譲ってあげるべき理由」がない。

これに対してBの申し出は「循環論法」と呼ばれるもので、なんとなく「急いでいる理由（らしきもの）」がある。落ち着いて考えたらまったく理由になっていないのだが、とりあえずは理由っぽく聞こえる。

そして両者の申し出の結果だが、Aで先にコピーをとらせてもらえる確率が60%だったのに対し、Bの場合はなんと93%もの確率で、先にコピーをとらせてもらえたのである。

要するに、**自分の意見を通すのに正当な理由などいらない。**

とりあえず「理由っぽく聞こえるもの」を突きつけられると、相手は軽い思考停止状態になって、なんとなく押されてしまうのである。会話中、なんとなく勢いに飲まれるのは、まさにこれだ。

ただし、相手に考える時間を与えてはいけない。冷静に考えさせたら、理由になっていないことがバレてしまう。考える時間を与えず、サッサと話を終わらせよう。

理由っぽさがあれば相手は同意する

理由っぽさがあれば勢いで相手を飲み込むことができる

◎理由はあとからでっち上げろ

討論番組を見ていると、議論に強い人はとりあえず否定から入る。相手の発言をさえぎり、大きな声で「違う!」「間違ってる!」と否定する。

そして相手を思考停止の状態に持っていってから「だって、あなたは～」と理由を説明する。このとき、理由の正当性はあまり重視されない。相手の発言をさえぎったという事実によって、勝敗が決してしまうのだ。

討論とは「誰の意見が一番優れているか」を競う場ではない。結局「誰が一番強いか」を競っているだけなのだ。まず否定から入って、理由はあとで考えればいいのである。

07 声の大きさを2割増にしろ

小さな声では説得力が出ない

小さな声でぼそぼそと話す人は、なんとなく頼りない。これは多くの人が実感していることだろう。そして自信家の人ほど大きな声で堂々と話す、と。

しかし、これは順番が逆だ。自信家だから声が大きいのではなく、声が大きいから自信ありげで、堂々として見えるのだ。

マサチューセッツ州にあるブランダイス大学の心理学者、ジャネット・ロビンソンの実験を紹介しよう。

彼女は2人の男が会話している音声をテープに録音し、被験者に聞かせる実験をおこなった。このとき、テープを再生する音量を70デシベルと75デシベルに分けて聞かせた。ちなみに5デシベルという音量の差は、人間の耳ではほとんど区別できないレベルのものである。

この実験結果は驚くものであった。つまり被験者たちは、75デシベルのテープのほうが「論理的で話に説得力がある」と答えたのだ。

ということは、声のボリュームをほんの少し上げるだけで、話に説得力をもたせ、相手の心をより大きく動かすことができるということである。

一般に、日本人は声の小さな人が多い。これは心理学的に考えると大きなチャンスである。周囲の声が小さければ、あなたは少しだけ大きな声で話すことだけで、突出した存在になれるのだ。

また、大きな声で話すほど自分自身を鼓舞《こぶ》し、元気で快活な自分をつくることができる。そのため、臨床心理学の世界では「クライアントを防音室に入れて思いっきり大声で叫ばせる」というセラピーもおこなわれているほどだ。

声の大きさを倍にしろとはいわない。2割増程度でいいから、これまでより大きな声で話すようにしよう。

声の大きさでここまで変わる

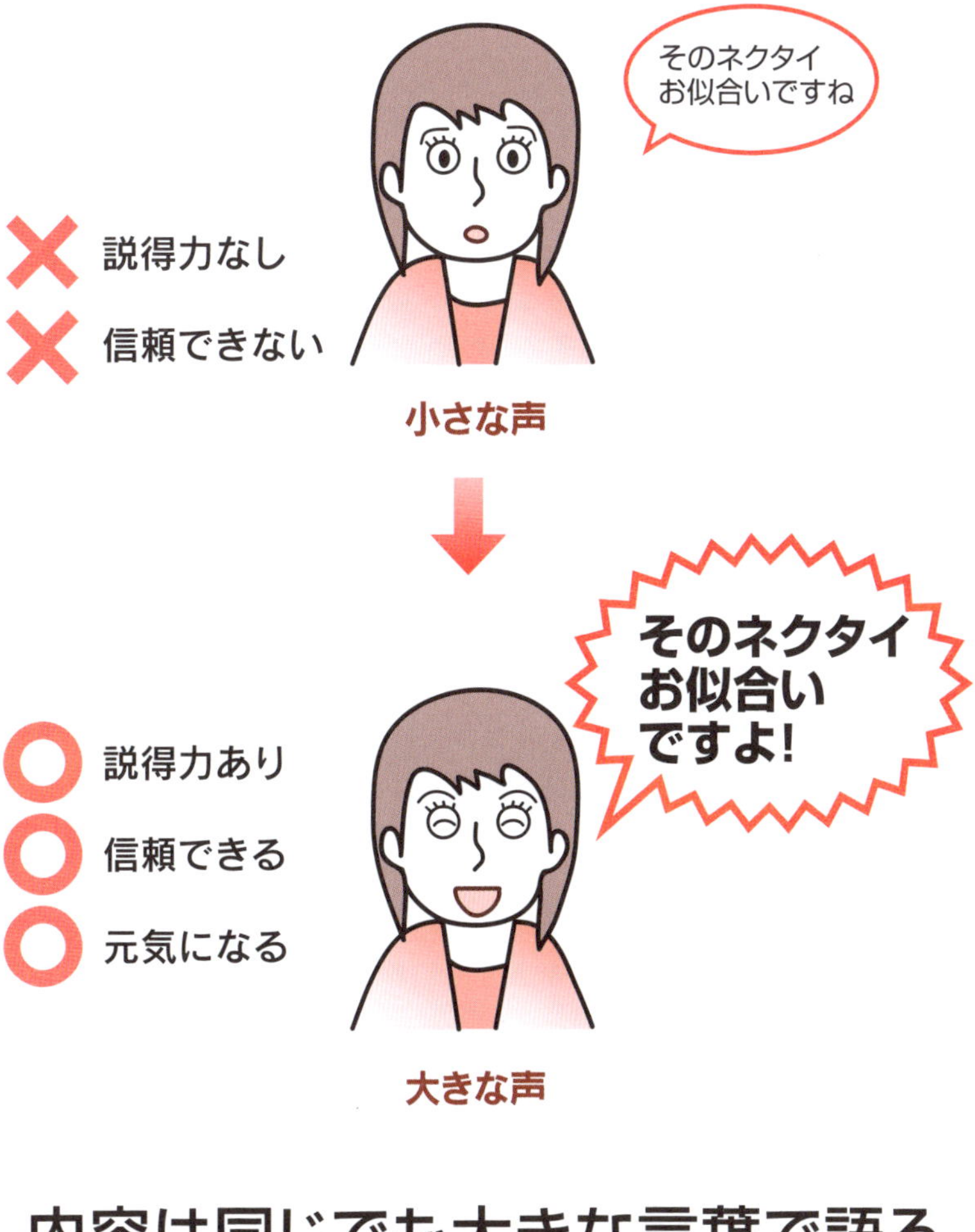

内容は同じでも大きな言葉で語るだけで説得力がアップする

ワンポイント心理学

暗示は「低い声」でかけろ

声についてのおもしろいデータがある。

コロンビア大学の心理学者、ウィリアム・アップルは40名の男子学生を対象に、「声の高さによって、人が受ける印象がどのように変化するのか」について、次のような実験をおこなっている。

まず、社会問題を論じたテープを用意する。そしてこのテープに吹き込まれた音声を機械的に操作して、低い声、普通の声、高い声の3種類に分け、それぞれ学生たちに聞かせた。もちろん同じテープを操作しただけなので、声の高さが違うだけで、話の内容、話すペース、声の質などは同じである。

すると、低い声ほど信頼性が高まることが明らかになった。またこの実験では、高い声で話すと、信頼性がなく、共感できず、無能で神経質、という評価を受けることもわかっている。

この理由は簡単だ。よく「声がうわずる」というが、まさに「上擦る」の字義通り、人は緊張したときには高い声になってしまうのである。そのため高い声で話すと、相手は興奮や不安を読み取ってしまう。これでは、せっかくの暗示も台なしだろう。

暗示をかけるときは、できるだけ低い声を意識しよう。これは自分を冷静沈着な大物に見せるコツでもある。

暗示の技術

第2章

暗示を使って人気者になる

カリスマと呼ばれるような人々は、
意識的かどうかは別として、
人を惹きつける暗示テクニックを使っている。
本章では彼らの使う「人気者になるための暗示」を紹介していこう。
もちろん恋愛にも応用可能な技術である。

08 ただ「好かれたい」と思うな！

攻めの姿勢で好きになれ

人気者になることを考える前に、まずはあなたの周りにいる人気者を思い出してほしい。

彼らの中に「なぜか人気者」という人はいないだろうか。容姿がいいわけでもない、とりたてて話がおもしろいわけでもない、仕事ができるわけでもない。それなのにみんなから愛されている、という人だ。

一見すると、彼らには人を惹きつけるような魅力は何もない。しかし、彼らは強力な武器をもっている。それは「とにかく人が好き」という武器だ。

たとえば、**あなたが誰かのことを好きになれば、その好意はそのままあなたに返ってくる。**人好きのする人気者は、純粋にみんなのことが好きだから、みんなから好かれるのだ。心理学ではこれを「好意の返報性」と呼んでいる。

ノース・イースタン大学のジュディス・ホールは、病院に通院している70歳以上の男女530名を対象に、「担当のお医者さんにどれくらい好感をもっているか」を調査した。

そして同時に、医師たちに対しても「それぞれの患者さんにどれくらい好感をもっているか」を聞いた。

すると、医師から好かれている患者さんほど、その医師のことを好いていることがわかった。まさに好意の返報性だ。

あなたも学生時代、それまで意識したことのなかった女の子から告白をされて、ドキドキしたことはないだろうか？　そして次の日からその子が気になり、結局は好きになってしまったという経験はないだろうか？

これなどは、典型的な好意の返報性である。われわれは好きになられると、その人のことを好きになってしまうのだ。

求めるだけでは得られない

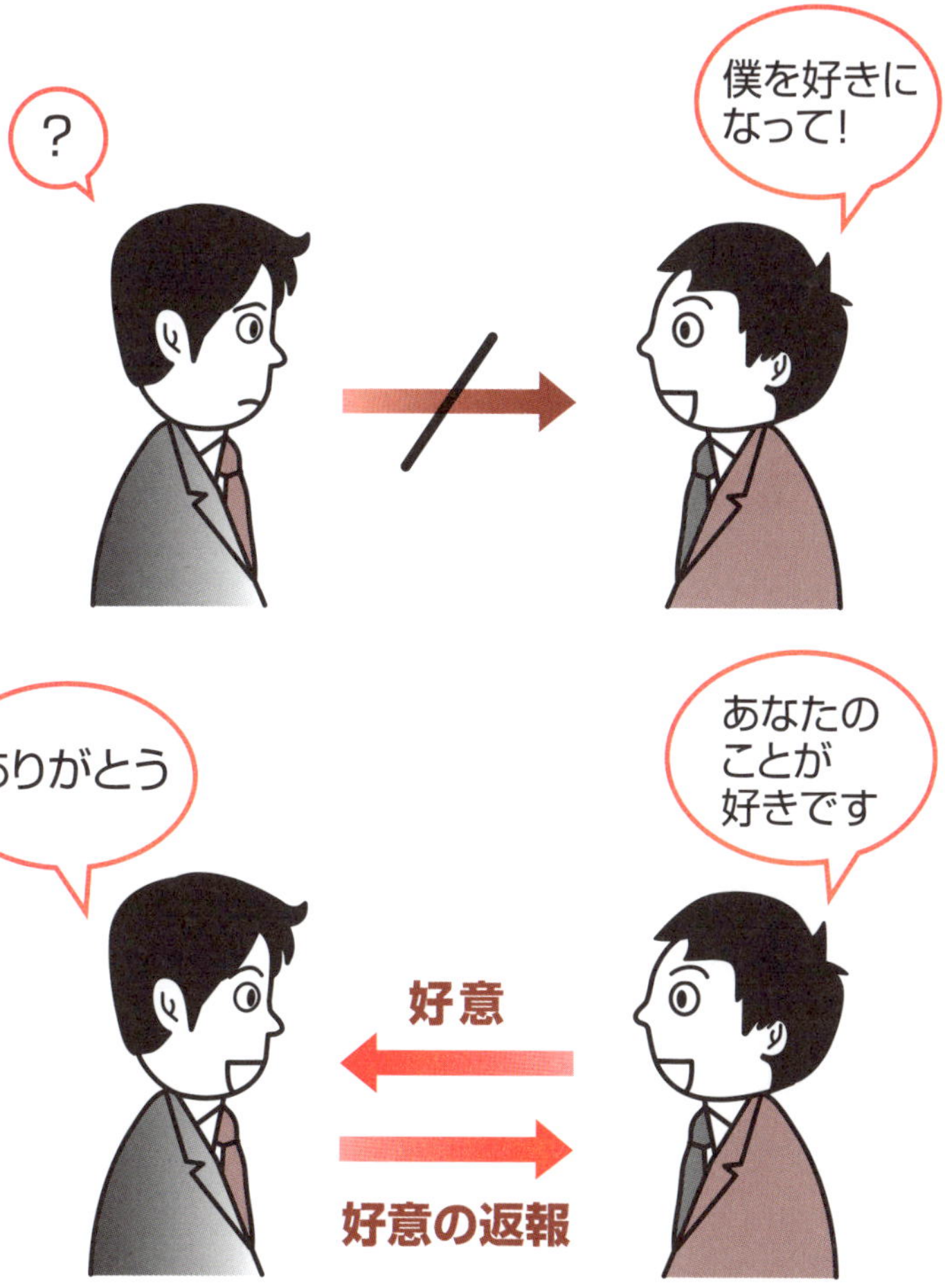

「好きになって」と求めるのではなく相手に好意を与えてこそ好意が返ってくる

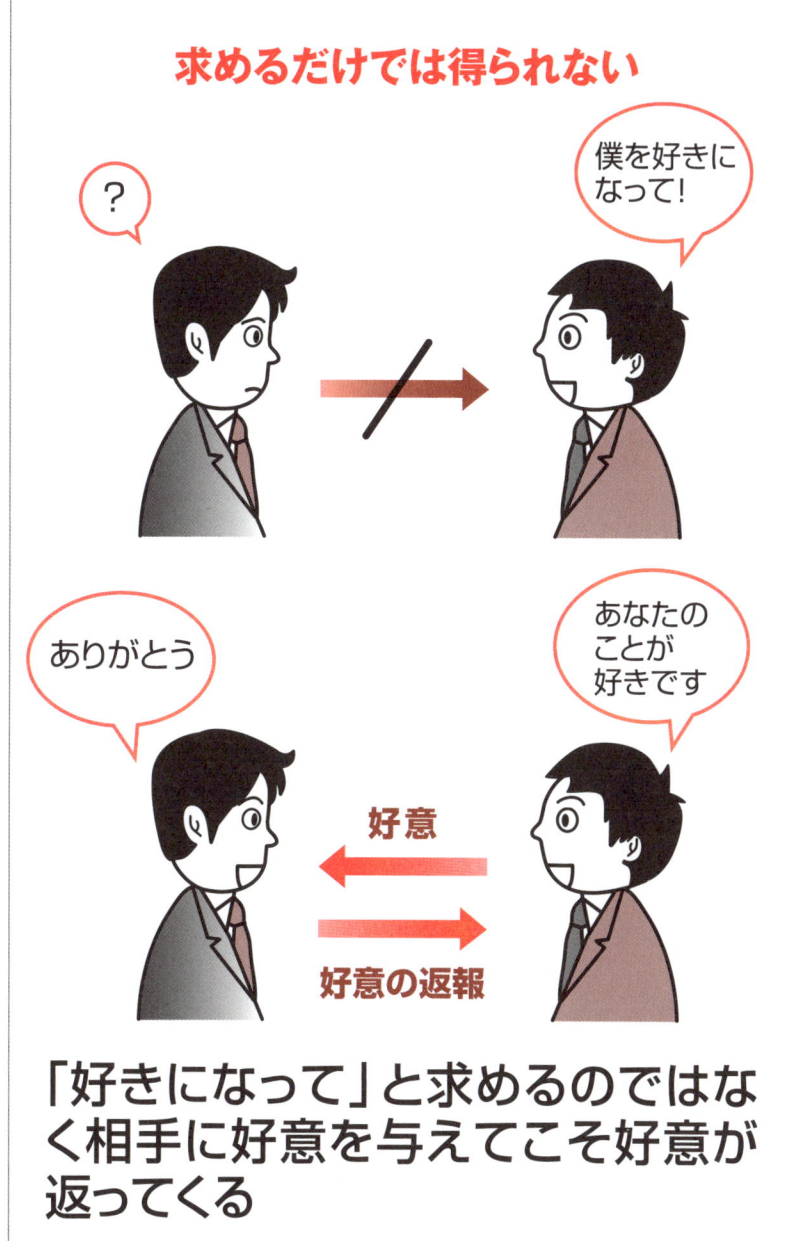

09 雑談力が人を虜にする

会話にノイズを盛り込め！

真面目な人がおもしろくない、というのは多くの人が実感しているところだろう。どんなに誠実であっても、真面目なだけでは人気者にはなれない。

デューク大学の社会学者、ドナルド・ロイは、ある工場で2カ月間にわたって工員たちの意識調査をおこなった。このときロイは、自分自身も工場で2カ月間工員たちと一緒に働き、信頼関係を築きながら彼らの本音を引き出すことに成功している。これは専門的に「参与観察」と呼ばれる調査方法だ。

さて、工員たちの仕事は、週6日の単純な流れ作業だ。普通に考えて、モチベーションを保ちづらい退屈な仕事である。

しかし、そのなかでも「仕事が楽しい」と答える人たちがいた。その理由を分析してみると、彼らの職務満足感は、「他の工員たちとの雑談」から生まれていることがわかったのである。

コミュニケーション学の世界では、無意味な雑談のことを「雑情報」や「ノイズ」と呼ぶ。そしてわれわれは、意味ある情報ばかりを聞かされると、疲れてしまうのだ。**ほどほどに他愛もない「ノイズ」が入っていたほうが心地よい**のである。

真面目さと誠実さが信条の営業マンが、なかなかうまくいかないのは、まさに「ノイズ」の不足である。要件のみ、仕事のみ、契約の話のみを話そうとする営業マンは、まったく成果が上がらない。

一方、営業先で野球やサッカーの話題で盛り上がっているような営業マンは、いつの間にか相手を虜にして契約を取ってくる。

仕事の知識を身につけるだけでなく、雑談用のネタもたくさん仕入れるようにしよう。

退屈な話に「ノイズ」を入れろ

ノイズ
ちなみに
種子島といえば
いまは
種子島宇宙センターで
有名だよな。
先生も昔は
宇宙飛行士に
なりたくて……
本論
というわけで
1543年、
種子島に
鉄砲が伝来
したんだ
おもしろい
へえ〜

会話の中にどれだけ雑談を盛り込めるかが人気者のカギになる

10 相手との共通点を提示せよ

常に「俺もそう！」と言っておけ

飲み会や合コンなどの席で、同郷や同窓の人と会うとやたら話が盛り上がるものである。あるいは、学生時代にやっていたスポーツが同じというだけでも話のタネになるし、親しみが湧く。それどころか、イニシャルが同じとか、使っている携帯電話が同じというだけでも、なんとなく親近感を抱くのではないだろうか。

これは、べつに不思議なことではない。

われわれは相手との共通点が多くなればなるほど、その人のことを好きになってしまうのだ。

ニューヨーク州立大学のリー・ウェストマース博士は、相手との共通点が多くなるほど、次のような気持ちが出てくると報告している。

①相手のことが好きになる
②相手のことが魅力的に見えてくる
③相手に共感しやすくなる
④相手をサポートしてあげたくなる

だから、人を惹きつけようと思ったら、まずは相手のプロフィールを丹念に調べ上げることだ。そして、できるだけたくさん「オレもそうなんだよ！」という共通点を提示することだ。

好きな本や映画でも、好きな食べ物でもいい。あるいは学生時代の所属クラブ、出身地、家族構成、血液型、好きな芸能人、靴のサイズ、気になるニュース、なんでもいいから共通点を探し出し、場合によってはでっち上げてしまおう。そうするだけで、互いの心の距離を縮めることができるのだ。

なお、この**「共通点を探す」という手法は、嫌いな人を好きになるためのテクニックとしても有効だ**。それまで嫌いだったのに、同じ阪神ファンとわかったら仲良くなる、などというのはよくある話である。

共通点をひとつでも多く列挙しろ

オレもA型
カツカレー大好き
スターウォーズ最高!
・血液型＝A型
・出身地＝宮崎
・好物＝カツカレー
・好きな映画
＝スターウォーズ

共通点の提示

- **相手のことが好きになる**
- **相手のことが魅力的に見えてくる**
- **相手に共感しやすくなる**
- **相手をサポートしてあげたくなる**

共通点が増えるほど、その人のことが好きになり魅力的に感じられるようになる

11 ときには弱さのアピールも有効だ

強さだけでは愛されない

われわれは、強い人、才能豊かな人、偉大な人ばかりに惹かれるわけではない。むしろそうした人は近寄りがたい印象を与えてしまい、共感の対象とはなりえないことのほうが多い。

そして心理学では、**あえて自分の弱さをアピールすることで相手の共感や同情を引き出す**、狡猾《こうかつ》なテクニックが存在する。専門的に「アンダードッグ効果」と呼ばれるものだ。

リッチモンド大学の心理学者、ロバート・A・ジャカロンは、あるプロジェクト・マネジャーについての紹介文を大学生に読ませ、評価を求めた。

このうち、紹介文に「わたしはこの分野には弱いのだが」と、自分の弱さをアピールする文章が入っていると、好意の点数が4・92点となり、弱さのアピールがない場合は3・88点だったという（7点満点）。

特に日本人の場合、これは弱さのアピールというよりも「謙虚さの表れ」として、より好意的に受けとめられることのほうが多いはずである。

また、弱さのアピールは相手から共感と同情を引き出すわけだが、このとき同情のなかには多少の「優越感」が混ざっている。

優越感を抱いた相手は油断もするし、あなたに対して惜しみないサポートを申し出るだろう。

隙のないエリートは、尊敬されることはあっても誰からも愛されない。**人気と実力を兼ね備えた人物には、どこかしら「弱さ」が垣間見えるもの**である。

部下や後輩に対しては強さのアピールが有効だが、上司や異性との関係においては適度な弱さのアピールが有効になる。シチュエーションに応じて、うまく使い分けるようにしよう。

強さと弱さを使い分けろ

・正当性
・威圧感
・恐怖感

↓

・部下の指導
・ビジネス全般

強さのアピール

・共感
・同情
・優越感

↓

・対上司
・プライベート全般

弱さのアピール

戦略的に弱さのアピールができる人ほど他者のサポートを取りつけられる

12 長所のゴリ押しをするな！

長短があってこそ信頼できる

テレビショッピングを見ていて、なんとなく胡散臭《うさんくさ》く感じる人は多いだろう。

機能は優れている。耐久性も十分だ。ランニングコストも安くて、環境にも優しい。使った人はみんな喜んでいるらしい。しかも、値段もお手頃ときている。まるで夢のような話だ！

しかし、好条件が増えていくほど「ますます怪しい！」と思えてくるのが人間というものだ。

世の中そんなにうまい話なんかあるはずがない。何か隠しているに違いない、と。

ちょうどいいデータがあるので紹介しよう。

南カリフォルニア大学のマイケル・カミンズ准教授は、あるボールペンの5つの特性（書きやすさ、インクの出やすさ、持ち心地、スタイル、品質）を記述した白黒広告を2種類作成し、被験者に意見を聞いた。

ひとつは、5つの特性すべてについてポジティブな記述をした広告。

もうひとつは、スタイルと品質の2点についてはネガティブな記述をした広告である。

その結果、短所まで説明した後者の広告のほうが、前者より5倍も説得力があると評価されたのだ。

このように自分の長所と短所の両方を伝えることを、専門的には「両面提示」といい、長所のみを伝えることを「片面提示」という。

人間関係においてもこの原理は同じで、自分の長所ばかりをアピールする人は、どうも信用しにくい。むしろ「私は○○は得意ではありませんが、行動力には自信があります」といった両面提示のアピールのほうが、ずっと信用できるし、むしろ長所が際立って見える効果もあるのだ。

長所と短所の両方を見せる

スタイルがいい
書きやすい
高品質
インクが出やすい
持ちやすい!
片面提示の広告
5倍の説得力!
プラスチック製で安いけど、とにかく書きやすい
両面提示の広告

自分のいいところだけ見せても相手は信用しない。あえて短所も提示するようにしよう

暗示の技術

13 その場限りと思わせるな！

「次」の面会をほのめかせ

会社の上司や同僚のように、いつも一緒にいる相手であれば、時間をかけて自分の好感度を上げることもできるかもしれない。しかし、たとえば営業先で初めて顔を合わせる相手を自分のファンにすることは、なかなか難しい。そう思っている人は多いだろう。

確かに、仕事で面会する相手のなかには、あからさまにぞんざいな対応をしてくる人もいる。

しかし、彼らがぞんざいな対応をしてくる理由を考えてみよう。

答えは簡単だ。相手はあなたのことを「今回限りの、もう二度と会わない人」と思っているのだ。だから対応もいい加減になるし、表面的なものにとどまる。

ジョージア大学の心理学者、デビッド・シェファーは48名ずつの男女を2グループに分けて面談させて、次のような実験をおこなった。

まず一方のグループには「この人との面談は今回限りです」と伝えたうえで面談させる。

そしてもう一方のグループには「今後もこの人との面談が続きます」と伝えたうえで面談させる。

すると、「今回限り」と伝えられたグループでは、表面的な対応に終始した。そして「今後も面談が続く」と伝えられたグループでは、個人的な話をするなど、親密になろうとする態度がみられた。

だから、初対面の人と会うときには、名刺交換の際に「また来週にでもお伺いしますが」とか「これから長いお付き合いになると思いますが」といった言葉を付け加えるとよい。

要するに「この関係は今回限りじゃありませんよ」とメッセージを送るわけだ。これだけで相手の対応は大きく変わるはずである。

初対面の挨拶に「次」を入れる

どうも はじめまして
○○社の××です。
これから長いお付き合いになると思いますが
よろしくお願いします

↓

「次」が見える

↓

「次」を意識した誠実な対応

どうも
はじめまして
○○社の
××です

↓

「次」が見えない

↓

その場限りのぞんざいな対応

われわれは「その場限り」の相手には心を開かないし、いい加減な対応をとる

14 相談にはイエスマンになれ

相談相手は共感を求めている

友達やガールフレンドから相談を受けて、自分なりに的確なアドバイスをしたつもりなのに、どうも相手が納得していない、という経験はないだろうか。

これは完全にあなたのミスである。**相談者は「答え」を求めているのではない。ただ「わかってほしい」のだし、「受け入れてほしい」のだ。彼らは同意と共感、そして正当化を求めているのである。**

だから、相談を受けたときに最も適切な対応は、まず「そうだよね」「わかるよ」と同意・共感を示すことだ。そのうえで、相手がアドバイスを求めているようなら、何か自分の意見を伝えればいい。

たった一言の「そうだよね」や「わかるよ」ではあるが、効果は絶大だ。ここには「あなたの話は正当ですよ」「わたしはあなたの味方ですよ」というニュアンスまで含まれているのである。

そしてこのような肯定のことを、心理学では「社会的正当化」と呼ぶ。

ニューヨーク州立大学の心理学者、シドニー・シュレーガーは次のような実験をおこなっている。

被験者たちを男女混合の3人組に分け、一定時間グループで会話をさせる。そして会話の終了後、互いに対する印象を調べたところ、高い評価を受けたのは「自分の発言を肯定的に聞いてくれた人」だった。

一方「でもね」「そうなのかなぁ」「本当に?」など、否定的・懐疑的言葉を使う人の評価は低かった。

人の心をつかみたいなら、**ウソでもいいから「そうだよね」**と相手を受け入れることだ。

内心同意できなくてもいい。あなたが受け入れることで相手も救われるし、あなたの人望も大きくアップするのである。

その人は「答え」など求めていない

こうするべきだ
仕事のことで悩んでいるんだ
答え
効果なし
わかるよ
そうだよね
仕事のことで悩んでいるんだ
同意・共感
効果あり

相談を受けたとき、正論の答えを返しても意味がない。まずは同意して共感を示そう

15 忙しい自分をアピールしろ

忙しさは人気の証明だ

任天堂のゲーム機「ニンテンドーＤＳ」や「Ｗｉｉ」は、発売当初かなりの品薄状態が続いていた。本当に生産が追いつかなかっただけかもしれないが、この〝じらし〟は心理学的にみてもかなり有効な手段である。

なぜなら人は**「手に入れるのが困難なほど、そこに希少性を感じ、もっと手に入れたくなる」**という心理が働くからだ。心理学の世界では、これを「ハード・トゥ・ゲット・テクニック」という。

たとえば、人気のレストランが「１日限定10皿」の特別限定メニューをつくる。当然大勢のお客さんが行列をつくり、その大半は限定メニューを食べられないまま終わってしまうだろう。そうすると希少価値の高い「幻のメニュー」となって、さらに多くのお客さんを引き寄せることができるのだ。

だからあなたも、友達から遊びに誘われたとき、ホイホイと気安く応じてはいけない。たとえ予定がゼロでもスケジュール帳を確認して「9時スタート？　うーん、夕方からひとつ先約が入っているから少し遅れるかもしれないけど、それでも大丈夫かな？」といった感じで、いかにも忙しい自分をアピールするのだ。

あるいは仕事の場合、思いきって「来週の予定はすべて断る」というルールを設けるといい。

クライアントから電話で「来週どこかでお会いできませんか？」と聞かれても、「すみません、来週はいっぱいなので再来週の火曜日でいかがでしょう？」と答える。こうすると相手は、あなたを引く手あまたの人気者と思うだろうし、ハード・トゥ・ゲットの「手に入れるのが難しいほど、そこに希少性を感じ、もっと手に入れたくなる」という心理が働くだろう。断ることは、忙しい人気者の証明なのだ。

来週の予定はすべて断わる

来週は全部
埋まっているので
再来週では
どうですか?
Hard to Get
来週?
いつでも
いいですよ

忙しそうな人 ↓ **希少価値 高** ↓ **魅力を感じる**

ヒマそうな人 ↓ **希少価値ゼロ** ↓ **魅力を感じない**

人は手に入れるのが困難なほど希少価値を感じ、もっと手に入れたくなる

暗示の技術

16 負けるときは大胆に負けろ

負けっぷりを見せつける

ミスタープロ野球こと長嶋茂雄さんが、現役時代にわざと大きめのヘルメットを被って打席に立っていたことは有名な話だ。

フルスイングで三振したとき、その勢いでヘルメットが宙を舞うようにしていたのである。おかげで全国の長嶋ファンは、彼の三振にも大喜びだった。やっぱりプロは違う、やっぱり長嶋は違うと感心したのだ。

「球場にいるのは、大半が1年に1度だけ見にきてくれるファン。負けても、満足して帰ってもらうのが、われわれプロの務め」

常々そう語っていた長嶋さんは、まさに記憶に残る名選手だったのだろう。

われわれは誰だって失敗する。だったら、長嶋さんのように自分の**「負けっぷり」をアピールして評価を逆転させることも重要な心理作戦**だ。

たとえば、契約が難航したら相手の社長に直談判してみる。断られるのは当たり前だし、どうでもいい。ここでは見事に当たって砕けることで、自分の末恐ろしさを周囲に知らしめれば、それで目的達成なのだ。

ミシガン大学の心理学者、デビッド・バスによると、女性が男性を選ぶとき、最も大切にするのは男性の「将来性」である。また、経済力の将来的見込みや、野心をもっているかどうかなども大切な判断材料となる。

ここで大切なのは、現在の地位や経済力はさほど問題にしない、というところだ。バスの研究によると女性は、短期的には「お金を貢いでくれる男性」を好む傾向にあるものの、長期的には好まないという。

特に若いうちは、自分の将来性を垣間見せるような、大胆な失敗、伝説の失敗をひとつくらいつくっておくのもいいだろう。

どうせ失敗するなら大きく失敗せよ

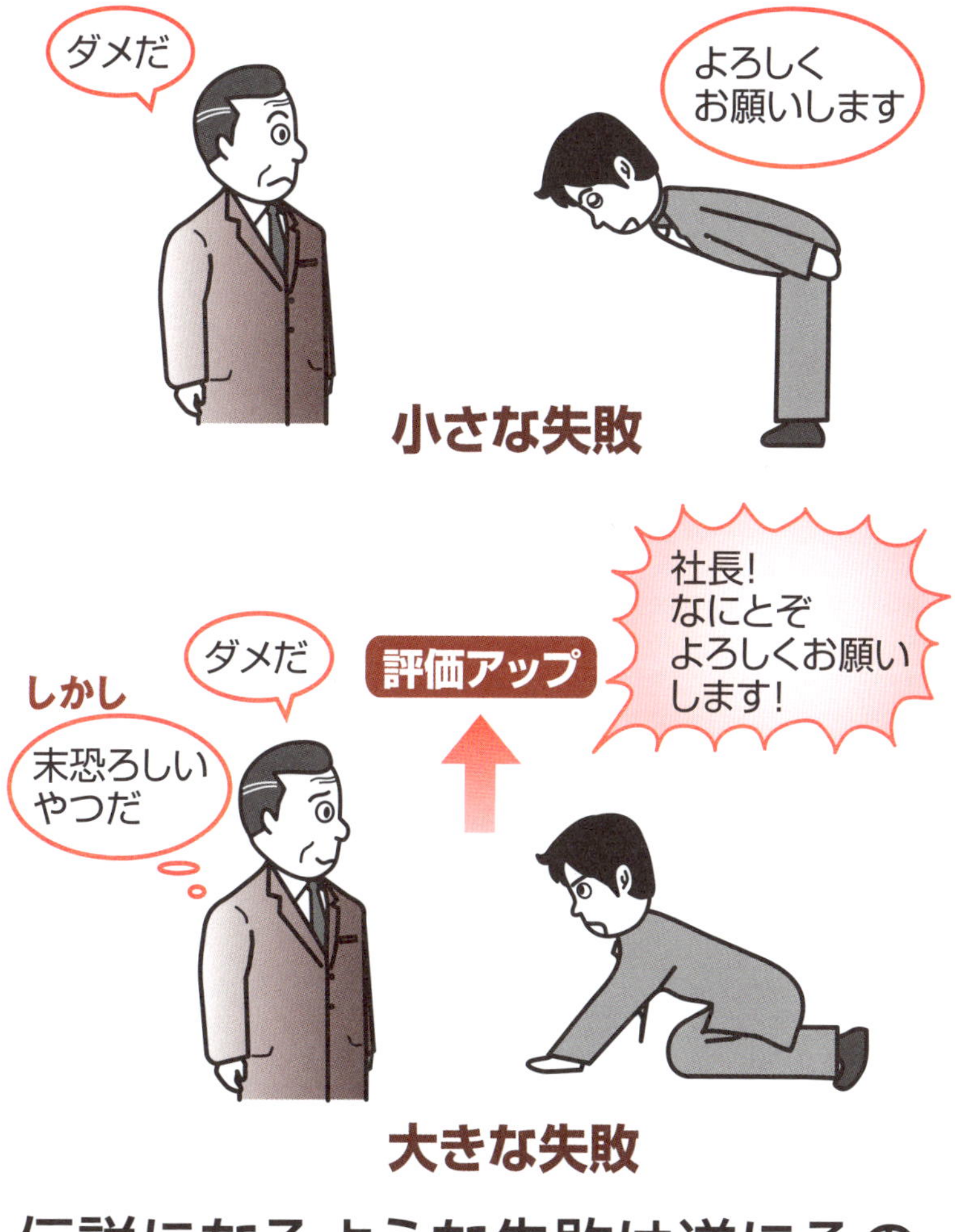
ダメだ
よろしく お願いします
小さな失敗
ダメだ
しかし
末恐ろしい やつだ
評価アップ
社長! なにとぞ よろしくお願い します!
大きな失敗

伝説になるような失敗は逆にその人の魅力を引き上げる

ワンポイント心理学

不機嫌な相手には近寄るな

心理学の世界には「ムード一貫性原理」という言葉がある。これがどういうものか、実験データから説明しよう。

シドニーにあるニュー・サウス・ウェールズ大学の心理学者、ジョセフ・P・フォーガス博士らのグループは、映画を観たばかりのお客に対して「あなたは自分の人生にどれくらい満足していますか?」と尋ねる実験をおこなった。

すると、ハッピーな映画を観た観客は「わたしは非常に満足している」と答える人が多かった。一方、悲しい映画を観た人たちは「わたしの人生は、そんなによいものではない」と答える人が多かった。

直前に観た映画の「ムード」がそのまま持続し、本来まったく関係ないはずの自己評価にまで影響していたのである。

そのため機嫌が悪い人は、周りのみんなが敵に見える。たとえあなたが誠意をもって近づいても、相手は腹を立てるのだ。

この「ムード一貫性原理」に従うなら、機嫌の悪い相手には近寄らないのが、最も賢明な選択となるだろう。まさに「君子危うきに近寄らず」である。

逆にいうと、何か楽しいことがあってご機嫌な人がいれば、それは積極的に近づいていく大チャンスである。

暗示の技術

第3章

ホメ殺しの暗示テクニック

人を操るとき、最も有効な手段は「ホメ殺し」である。
ホメられるのが嫌いな人などいない。
お世辞レベルのホメ言葉から、
かなり狡猾なテクニックまで、
ここでは「ホメ殺し」の暗示テクニックを紹介していこう。

暗示の技術

17 ホメ言葉を100個用意しろ

ホメられたい欲求をくすぐれ

欧米に比べて、日本には「ホメる」という習慣がないし、他者からホメられる機会が圧倒的に少ない。**みんな「ホメられたい!」という強い欲求をもっているのに、満たされないまま放置されているのだ。**

「これは日本の文化であり、国民性なんだ。べつに欧米の真似をしなくてもいいじゃないか」

そんな意見もあるかもしれないが、ちょっと周りを見回してほしい。会社や家庭でなかなかホメてもらえない日本の男性たちは、少々のお金を払ってでも、ホメてもらおうとしているじゃないか。

……どこで?

キャバクラに代表される水商売でだ。

キャバクラ嬢やホステスさんは、無条件にホメてくれる。お金を払いさえすれば、若くてかわいい女の子にホメてもらえる。仕事に疲れた男性にとって、これほど嬉しいことはないだろう。

ちなみに女性の場合は、これが美容院やエステサロン、文化サークル、あるいはショッピングなどになる。

逆にいうと、日本人はそれだけ「ホメ言葉」に飢えているのだ。

ならば、あなたも積極的に他者をホメていこう。ホメられて嬉しくない人はいないし、みんな飢えきっているのだ。ホメられた人たちは、ほぼ「入れ食い」の状態で、あなたのことを好きになっていくだろう。

また、ホメる技術を磨きたいなら、まずは「ホメ言葉」のボキャブラリーを増やすことだ。当面は100個のホメ言葉をマスターするよう、心掛けてほしい。

おそらく100パターンのホメ言葉を覚えてしまったら、大抵の場面で的確なホメ言葉を使えるようになるはずである。

人はお金を払ってでもホメられたい

女
ホメられたい!
美容院
エステサロン
文化サークル
ショッピング など
男
ホメられたい!
キャバクラ
スナック
高級クラブ など

男性が水商売のお店に通う理由は、お店の女の子たちから「ホメてもらえる」からである

◎教育の基本は「ホメる」こと

ホメる効果について、ノース・キャロライナ大学の心理学者、ドーソン・ハンコックの実験を紹介しておこう。

まず被験者を2つのグループに分け、一方のグループでは講師が学生たちを徹底的にホメ、もう一方のグループではまったくホメずにセミナーをおこなう。

そして自習課題を与えたところ、授業中にホメられたグループは課題を平均46.8分やってきたのに対し、ホメられなかったグループは平均34.7分しかやってこなかった。

つまり、ホメられるとやる気が高まり、勉強や仕事に打ち込むようになるのだ。

18 相手に「見下す快感」を与えろ

あえて下につく意味とは?

カナダにあるブリティッシュ・コロンビア大学の心理学者、キャサリン・ホワイトは、アジア人に顕著な〝ある心理〟について、非常に興味深い実験結果を発表している。

実験では欧州系カナダ人とアジア系カナダ人の大学生に参加してもらい、「学校の試験で失敗したとき、どうやって気を持ち直すか?」という質問をした。

すると、欧州系の学生たちは一様に「自分より成績がよかった人を見る」と答えた。

つまり、上を見ることによって「自分もこうなろう」「もっとがんばれば上に行けるんだ」と自らを奮い立たせるわけだ。これを心理学的には「上方比較」という。

ところが、アジア系の学生たちはまるで違った。

なんと、みんな「自分より成績が悪かった人を見る」と答えたのである。

自分よりも下を見ることによって「まだ下がいるじゃないか」「自分はあそこまで悪くない」という安心感を得ているのである。心理学的には、こうして下を見て比較することを「下方比較」という。

これは向上心の問題というより、完全に文化的・風土的な問題で、べつに優劣をつけるべきものではない。ただ、アジアで暮らすからには、自分が下方比較の文化に生きていることを知っておくべきだろう。

そのため、**人をホメるときも上から「よくやった」とホメるのではなく、相手の下に潜り込んで「さすがですね」と賞賛するほうが、ずっと効果的**なのだ。

いわば、相手の下に回ることで、相手に「見下す快感」を与え、自尊心をくすぐってやるのである。

負けたように見せかけながら相手を手のひらの上で転がす、かなり狡猾な暗示テクニックだ。

下に回って相手を動かせ

ハハハ、
簡単だよ
さすが
ですね!
下方比較
=
見下す快感
ついでに
この仕事も
お願い
できますか?
いいとも!

日本人をはじめとするアジア人には自分の下を見て満足感を得る「下方比較」の文化がある

19 傾聴するという意識をもて

話を聞くことは「報酬」となる

読者のなかには、口べたでホメ言葉をなかなか口に出せないという人も多いだろう。

ただ、そんな自分を責めるのはよしてほしい。ホメるという行為は、なにも言葉に限ったものではないのだ。むしろ言葉以外のツールによって攻めてこそ、相手は気づきにくいし、暗示効果も高まるのである。

そして、**どんな口べたな人でも今日からできる「ホメ殺し」がある。相手の話をひたすら聞き続けることだ。**

イースタン・ケンタッキー大学の心理学者、ローズマリー・ラムゼイは、最近自動車を購入した５００名を対象に聞き取り調査をおこなった。

質問は「あなたが車を買ったとき、セールスマンは何をしていましたか?」というものだ。

すると、一番多かったのが「傾聴していた」という答えだった。つまり、オススメの車種を押しつけてくるのではなく、まずはお客の話にじっくり耳を傾け、要望を熱心に聞いてくれていたのである。

これは苦情受付のコールセンターでも同じで、苦情を訴えてきたお客をなだめる一番確かな方法は、とにかくお客の話を最後まで聞くことだという。

また、カウンセラー（臨床心理士）の主たる仕事が「クライアントの話を聞くこと」であることは、いうまでもないだろう。

もちろん、ただ上の空で聞いていればいいわけではない。あくまでも「傾聴する」という意識をもって、熱心に耳を傾けることが重要だ。

熱心に話を聞いてあげることは、それだけで相手に対する「報酬」として機能する。見え透いたお世辞を並べるくらいなら、ただじっと相手の話を聞くほうが何倍も効果的なのだ。

傾聴することは報酬となる

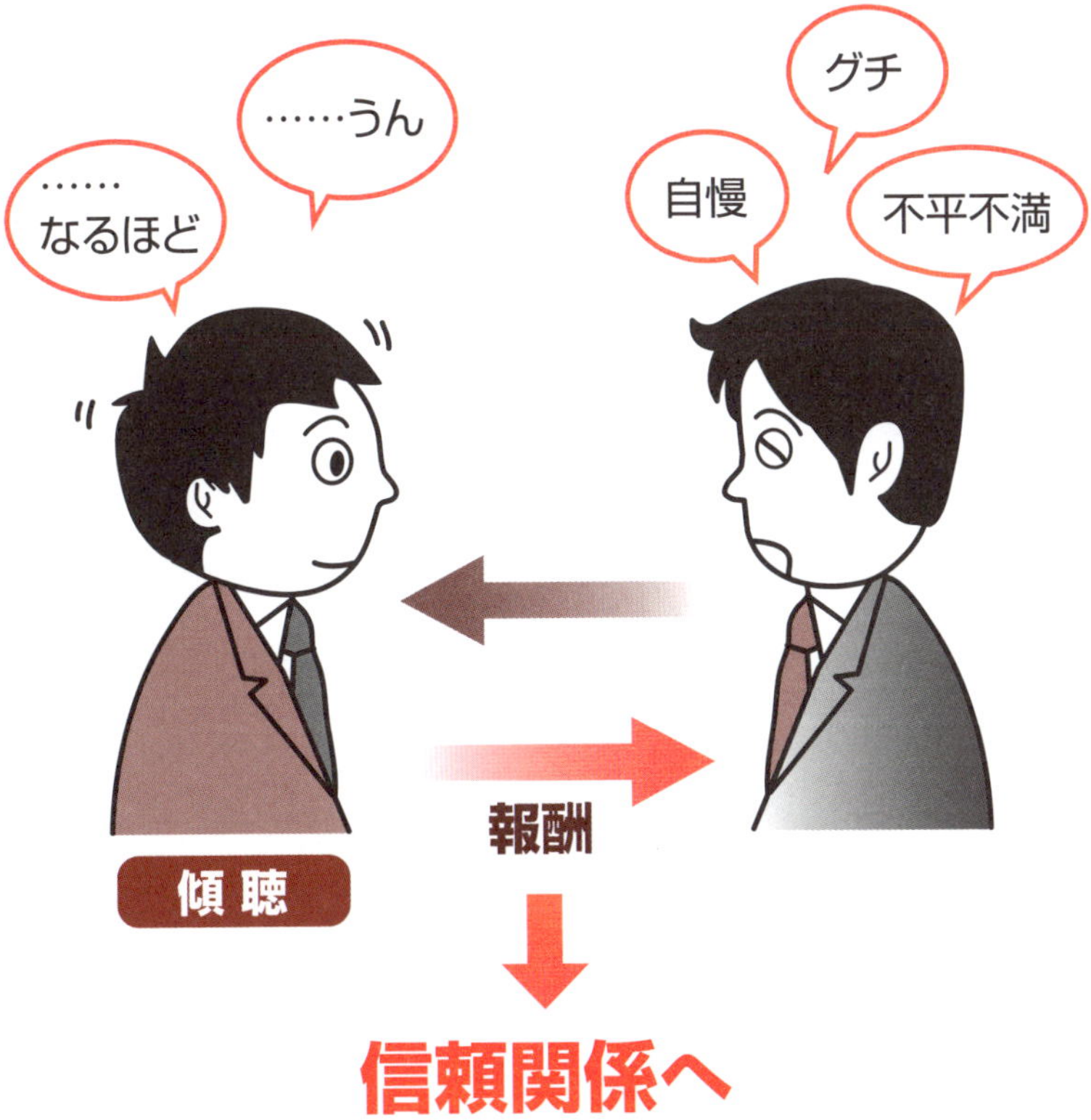

つまらないお世辞を並べるくらいなら、黙って相手の話を聞くほうがずっと効果的

20 会話に「LOVE」を持ち込め

LOVEバンクとは何か?

究極のホメ上手になるためには、相手に奉仕し、無償の愛を捧げるような気持ちをもつ必要がある。これは口で言うほど簡単なものではなく、相当大きな意識変革が必要になるだろう。

そこでバージニア・コモンウェルス大学の心理学者、エバレット・ワーシントンが提唱する「LOVE法」という考え方を紹介したい。ここでのLOVEとは、次の頭文字を意味している。

L……Listen(相手の話を聞く)
O……Observe(観察する、結果を調べる)
V……Value(相手の価値を認める)
E……Evaluate(相手を評価する)

これらはいずれも、相手のことを思いやり、相手への愛情を示す奉仕的な行為である。見返りなどいっさい求めていない。

そして、こうして注いでいった愛情は2人の「LOVEバンク(愛の銀行)」に貯金されていく、というのがワーシントンの主張だ。

だからあなたも、見返りなど求めずに「LOVE」の4つを実践し、自分が注いだサービスはすべて「LOVEバンク」に貯金されている、と考えることだ。

この貯金は、いつ満期になるかわからない。

1年後かもしれないし、3年後、5年後かもしれない。ただ、あなたが投資した愛情は確実に貯金され、利息付きで増えているのだ。そして**満期になれば、自分が注いできたよりずっと大きな愛情が返ってくる**のだ。

それがわかっていれば、毎月の貯金となんら変わらないだろう。今後は頭の中に「LOVEバンク」を思い浮かべながら、コツコツ投資するようなつもりで他者をホメていこう。

LOVE法とは何か?

L……Listen（相手の話を聞く）

O……Observe（観察する、自分の行為がもたらした結果を調べる）

V……Value（相手の価値を認める）

E……Evaluate（相手を評価する）

LOVEの4つを実践するなかで費やされる愛情は、すべて2人の「LOVEバンク」に貯金されていく

◎LOVEバンクの有効性

一見すると机上の空論のようにも思える「LOVE法」だが、その有効性は実験によっても確かめられている。

ワーシントンは、既婚者を含む51組のカップルに対して、3週間にわたるセミナーで「LOVE法」の実践法と「LOVEバンク」の考え方を学んでもらい、実生活でも実践してみるように指導した。

すると3週間後、それぞれのカップルの「自分たちの関係」に対する満足度が、確実に上昇していたのである。

まさに「LOVEバンク」に愛の貯金がたまっていった結果であろう。

21 ボキャブラリーを倍にしろ

語彙を色鉛筆の数と考えよ

ボキャブラリーのことを、単なる知識だと考えている人は多い。難しい言葉をたくさん覚えたところで、雑学程度の役にしか立たない。それよりもコミュニケーション能力や表現力が大切なのだ、と。

これは大きな誤解である。

語彙《ごい》とは、たとえるなら色鉛筆のようなものだ。そして7色の色鉛筆と１００色の色鉛筆、どちらを使ったほうが表現力豊かな絵が描けるだろうか?

当然ながら１００色の色鉛筆である。要するに、ボキャブラリーが多いほど表現の幅も広がり、ホメ言葉のバリエーションも豊かになっていくのである。

人間関係においてボキャブラリーがどれだけ大切なものであるかを示す、おもしろいデータがある。

アイオワ州立大学のアルマ・ガレイスは、幼稚園児と受け持ちの保育士さんたちを対象に、次のような調査をおこなった。

まず、幼稚園児60名について、受け持ちの保育士さんたちに人気投票をおこなってもらう。

続いて、幼稚園児たちを対象にボキャブラリー、リスニング、さらに表現力のテストを実施する。

そして、このテスト結果と保育士さんたちからの人気を照合してみると、人気のある幼稚園児ほどボキャブラリーが豊富で、続いて人の話を聞くリスニング能力、最後に表現力が高かった。やはり、ボキャブラリーあっての表現力なのである。

だから、表現力を磨きたければまずボキャブラリーを増やすことだ。英語の基本が単語力であるのと同じく、日本語もボキャブラリーを増やしていけば、表現力はあとからついてくる。**１００個のホメ言葉と、それを補完するボキャブラリーを身につけよう。**

言葉の数は色の数
ボキャブラリーの貧困な人
7色の色えんぴつ
表現の幅が限られる
ボキャブラリーの豊富な人
100色の色えんぴつ
表現力豊かな絵が描ける
色（ボキャブラリー）が豊かなほど
表現力も豊かになっていく

22 引き下がるときは潔く引き下がれ

ブーメラン法は逆効果だ

営業術や会話術の本を読む方なら、「ブーメラン法」というテクニックをご存じかもしれない。

これは相手の反論を逆手にとって、ブーメランのように投げ返す、というテクニックだ。たとえば、お客が「高いよ」と言ってきたら「そう、この高さこそが品質の証明なんですよ」と切り返すわけである。

しかし、最近の研究ではブーメラン法が逆効果になることがわかってきた。

イースト・キャロライナ大学のレイド・クラクストン博士たちは、流通業や製造業で働くバイヤー２４２名を対象に、彼らの使っている説得テクニックとその効果について調査した。

その結果、ブーメラン法を使うとかえって売上が落ちてしまうことがわかったのである。

相手に好かれようとして、なんとか食い下がろうとする気持ちはわかる。しかし、ときには潔く引き下がることも誠意の示し方なのだ。

潔く引き下がれば、まだ「次回」の可能性はある。

しかし、ブーメラン法を使うなどしてしつこく食い下がるほど、相手はウンザリして「次回」の可能性は日減りしていくのだ。

無理だと思ったら退散する。そして時間をおいてからもう一度勝負をかける。これをくり返していくと、相手は徐々にあなたのことを好きになっていく。

これは心理学で「単純接触効果」と呼ばれる効果で、われわれは接触する回数（会う回数）が増えるほど、心理的な距離が縮まって、その人に好意を抱くようになるのである。

気がついたら好きになっているのだから、まさに暗示テクニックの醍醐味である。

早めに身を引くと再訪問しやすい

わかりました
それでは
また後日…
いや、
違うんです
いや、
だからこそ
資産運用を
できる営業マン
ダメな営業マン
潔く引き下がる
再訪問
何度か
くり返し
単純接触効果
契約
その場でねばる
関係悪化
面会拒絶

その場でねばろうとせず、回を重ねて信頼を勝ちとろう

暗示の技術

23 結果よりも努力をホメろ

結果は1回しかホメられない

ホメ方がわからない、という人は多いだろう。

上司をホメるのは「ごますり」っぽいし、部下を手放しにホメるのも媚《こ》びているような感じがする。それに、いったいどこをホメればいいのかわからない。

そこで、効果的なホメ方のヒントを紹介しよう。

ワシントン大学の心理学者、フランク・スモールは次のような実験をおこなった。

リトルリーグの子どもたちを、８人のコーチが指導する。そしてシーズン終了後に試合の勝率を測定するのだが、子どもたちの「努力」をホメつつ指導したコーチのチームは、勝率が52・２％だった。これに対し、ホメずに指導するコーチのチームでは、勝率が46・２％にとどまった。

しかも、努力をホメられた子どもたちは「野球が楽しく、コーチが好きで、自分に自信がある」と答えた。

ここで大切なのは「努力をホメる」という点である。

試合に勝ったらホメる、ホームランを打ったらホメる、というやり方では、ホメられる回数も限られてしまう。

ところが、**努力している姿勢をホメるのであれば、いつでも何回でもホメられる**のだ。

だから職場でも「結果」をホメず、その人の「努力」や「プロセス」をホメるようにしよう。これならどんなに成績の悪い部下でもひとつくらいはホメられるだろうし、毎日何回でもホメることができる。

また、特に努力していない部下でも「がんばってるな」とホメてあげることで、本人に「がんばらなきゃ！」という気を起こさせる効果があるのだ。

相手が「そんなことないですよ」と謙遜してきたら「いや、これはすごいことだよ！」ともう一度ホメておこう。ここまでやれば、もう相手はあなたの虜だ。

なぜ努力をホメるのか？

よしよし
その調子で
がんばろう
いいぞ
よくがんばって
いるな
ナイス
ホームラン!
すごいな
見事な
勝利だ

努力をホメる
コーチ

↓

みんな、いつでも何回でもホメることができる

結果をホメる
コーチ

↓

ホメられる回数、ホメられる場面、ホメられる人が限定

結果をホメるだけでは、ホメる回数も場面も限られてしまう

ワンポイント心理学

表情はオーバーに

会話において「聞く技術」が重要だというのは、よく耳にする話だ。そのため自分なりに相づちの回数を増やすなど、聞き方の工夫をしている読者も多いだろう。

しかし、意外と見落とされがちな「聞く技術」がある。

それは「表情」だ。

われわれは会話をしているとき、相手の言葉、声や表情、しぐさなどから「共感レベル」をチェックしている。

そのため、たとえ相づちの回数が多かろうと、「なるほどね」といった同意の言葉を多用しようと、表情が曇っていては一発で「共感レベル」の低さがバレてしまう。こうなっては、相手は警戒心を抱いて心を閉ざしてしまうだけだ。

だから、話を聞くときの表情は「できるだけオーバーに」を心掛けよう。

笑顔を心掛けるだけでなく、眉を大きく動かし、目を見開き、口を開け、唇を噛みしめ、眉間に皺を寄せ、何度も大きく頷く。言葉はいらない。表情のみで自分の感情を表現するのである。

そもそも人間の表情とは、意識してもなかなか自在に操れるものではない。その意味で、ちょっとオーバーすぎるくらいに動かすようにするのがちょうどいいのだ。

暗示の技術

第4章

部下を動かす暗示の技術

部下の指導法に頭を悩ませている上司は多い。
特に2008年からは「ゆとり第一世代」ともいわれる新卒社員が、
続々と入社してきている。
そこで本章では、部下を自在に操作するための
暗示テクニックを紹介しよう。

24 命令するな「確認」せよ

確認法を使えば誘導できる

このところ、若い部下をどうやって指導するべきか、頭を悩ませている上司が非常に多いようだ。

ちょっと叱ったら、ふてくされて余計に仕事をしなくなる。怒鳴っただけでパワハラ扱いされる。それどころか、平気で辞表を叩きつけてくる。

なるほど、確かに難しい問題だ。昔のような熱血型の上司は「ウザイ」だけだろう。

そこで筆者からのアドバイスだが、部下へのアプローチを「命令」から「確認」に変えてみたらどうだろうか。

たとえば「あの報告書、ちゃんと明日までに仕上げるんだぞ！」と命令するのではなく、「あの報告書、明日までに仕上がるよな？」と確認してみるのだ。

その他、思いつく例をいくつか挙げてみよう。

×命令「こんな仕事、さっさと片づけろ！」
○確認「これくらい、お前ならすぐにできるだろ？」

×命令「今晩中に終わらせるんだぞ！」
○確認「今晩中に終わりそうかい？」

×命令「謝ってこい！」
○確認「謝りに行ったほうがいいんじゃないか？」

一般に「確認法」と呼ばれる手法だが、こうして言葉の枠組みを変えるだけで、かなり柔らかい印象になるはずだ。そして疑問形にすることで、なんとなく「選ぶのはお前だ」と言われているような印象を与え、押しつけられている印象が薄らぐ。

ただし、あまりしつこく確認をくり返すと「ウザイ上司」になってしまうのでその点だけ注意しよう。

部下へのアプローチを「確認」にする

× **命令**「早く報告書を仕上げてくれ」
↓
○ **確認**「そうそう、あの報告書、仕上げてくれた?」

× **命令**「今晩中に終わらせるんだぞ」
↓
○ **確認**「今晩中に終わりそうかい?」

× **命令**「あの企画書は急ぎだからな」
↓
○ **確認**「あの企画書って、急ぎだったかな?」

× **命令**「今度の日曜は休日出勤だぞ」
↓
○ **確認**「今度の日曜、出勤できるかな?」

× **命令**「謝ってこい!」
↓
○ **確認**「謝りに行ったほうがいいんじゃないか?」

「命令」を「確認」の疑問形に変えるだけで、かなり印象が柔らかくなる

25 キレる演技を織り交ぜろ

1度でいいからキレておく

上司にとって、部下から嫌われることは避けたいものだが、それ以上に避けたいのは「バカにされること」や「ナメられること」である。

これは学校の教師と同じで、生徒（部下）から少しでもナメられてしまうと、その評価を挽回するのはかなり難しくなる。

もちろん、いつもガミガミ怒鳴ってばかりだと嫌われてしまい、部下はついてこなくなる。最も望ましいスタンスは「普段は優しいけど、怒らせると怖い」というものだろう。

アムステルダム大学の心理学者、ゲアベン・ヴァンクリフは、次のような実験をおこなった。

実験は、携帯電話の「売り手」と「買い手」に分かれて価格や保証期間などを交渉してもらうものだ。

このとき、「買い手」役を演じるのはサクラの被験者で、彼らには「怒る人」と「怒らない人」とを演じてもらった。

その結果、**怒る演技を取り入れたほうが、ずっと交渉を有利に進められる**ことがわかったのである。

だからあなたも、1度でいいから部下の前でキレておこう。机を叩き、大声で怒鳴りつけておこう。

本当にキレる必要はない。演技の怒りで、まったくかまわない。めったに怒らないあなたが急に怒り出すのだから、周囲はただ驚くだけで、演技かどうかなど考えもしないだろう。怒ることをせずに部下を図に乗らせると、結局あなたの評価が引き下げられてしまうのだ。

よく、人を動かすにはアメとムチが必要だといわれるが、毎回ムチをふるう必要はない。ムチとはそれを「持っていること」を知らせておくだけで、十分に抑止力としての効果を発揮するのだ。

キレる演技は抑止力になる

次回以降は
「怒らせると怖い」という
抑止力が働く

部下がついてくる

1度でいいからキレた姿を見せておくとそれ以降はナメられなくなる

26 援助せず、ひたすら励ませ

男女ごとに指導を変えろ

部下を指導する際、特に注意したいのが「性差」の問題だ。同じ部下といっても、男性と女性では求める「理想の上司像」が違うのである。

インディアナ州にあるビンセンズ大学の心理学者、チャールズ・マクマハンは、男女の被験者たちを集め、自分がどれくらい「励ましの言葉」や「温かい言葉」を求めているか、答えてもらった。

すると、男性は80点満点中の39・2点も励ましや温かい言葉を欲しているのに対し、女性は33・2点であることがわかった。

つまり、**男性の部下は「励ましの言葉」や「温かい言葉」を求めているが、女性はその傾向が低い**のだ。

それでは、女性の部下にはどう接したらいいのだろうか?　ここに頭を悩ませる上司は多いはずだ。

カリフォルニア大学のグレッチェン・リーヴィの研究によると、**「女性的な人」ほど社会的なサポートを求めるのに対し、「男性的な人」ほどサポートを嫌う**ことがわかっている。

そのため、女性の部下に対しては、「手伝おうか?」「何か困っていることはないか?」といった積極的なサポートが有効だ。

一方、男性の部下には「がんばれよ」「お前ならできる」「よくやった。すごいじゃないか」といった励ましの言葉を使っていこう。

特に、男性の部下にサポートを申し出るのは厳禁である。もともと男性は「信頼されたい」という意識をもっていて、仕事においてはその傾向が特に強い。

そのため、いつまでも上司からサポートを申し出られると「自分は無能と思われているのかな?」と考えて、やる気を失ってしまうのだ。

男女によってアプローチを変える

がんばります!
ありがとう
ございます
励まし
サポート
お前なら
できる
オレは
信じてるぞ
手伝おうか?
何か
困っている
ことは
ないか?

一般に男性は「励まし」を、女性は「サポート」を求めている

27 部下をなるべく放置しろ

見て見ぬフリがちょうどいい

最近はずいぶん事情が変わってきたが、日本のオフィスは基本的に「大部屋制」となっており、プライバシーも何もない。しかも直属の上司が全員を見渡せる場所に座っており、さながら監視されているような状態で仕事をすることになる。

一方、人種のるつぼで個人主義の根づいたアメリカでは、それぞれの机がパーティションで区切られていたり、半個室のような状態で仕事をしたりすることが多い。

社員同士のコミュニケーションという意味では日本の大部屋制もいいのだろう。ただ、生産性の観点から考えると、他者（特に上司）の視線を感じずにすむほうが、仕事ははかどるものである。

この「他者の視線」について、ペンシルバニア州立大学のR・バリーは、おもしろい調査をおこなっている。

彼は、ショッピングモールの駐車場から出ようとしている車200台のドライバーたちを観察した。

すると、自分が出ていった後のスペースに入れようとしている車が後ろで待っている場合、出発までの時間が39・03秒もかかった。一方、誰も待っていないときには出発までの時間が32・15秒だった。

つまり**他者からジロジロ見られると、わざとゆっくり動いたり、逆にストレスで普段どおりに動けなかったりしてしまう**のだ。

だから、部署全体の生産性を上げたいと思うなら、部下たちの仕事ぶりをジロジロ見るのはやめよう。ある程度部下を放置して、見て見ぬフリを決め込むくらいがちょうどいいのである。もちろん、可能であれば机ごとにパーティションで区切るのが望ましい。

管理職の仕事は「管理」であって「監視」ではない。この点は間違えないようにしよう。

部下をジロジロ見るのは逆効果

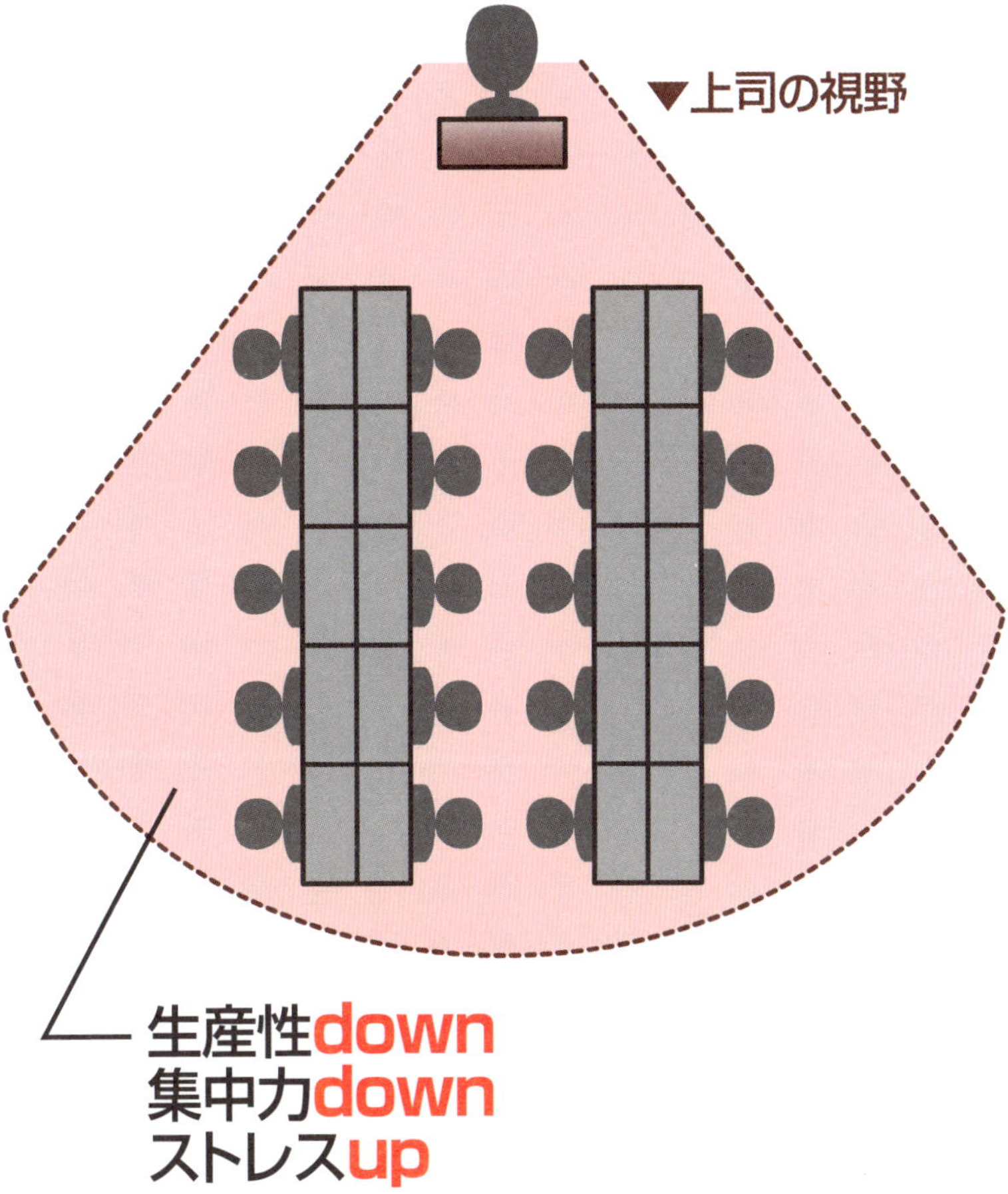
▼上司の視野
生産性down
集中力down
ストレスup

日本型の大部屋制オフィスでは上司に監視されているような気分になり集中力や生産性が落ちる

28 あえてネガティブな言葉を使え

ときには脅し文句を使ってみる

仮にあなたが禁煙に何度も失敗しているとしよう。ニコチンガムもパッチも試したけど効果がなかった。もう自分は禁煙できないんだとあきらめているとしよう。

しかし、お医者さんから「今すぐ禁煙しないと、死んでしまいますよ」と宣告されたら、どうだろうか。

少なくとも「禁煙したらもっと長生きできますよ」といった前向きなメッセージとは、比べものにならないほどの力があるはずだ。

心理学の世界では、前者のようなネガティブな表現のことを「ネガティブ・フレーム」と呼び、後者のようにポジティブな表現のことを「ポジティブ・フレーム」と呼んでいる。

そして説得効果のみで考えるなら、明らかにネガティブ・フレームのほうが強い。言葉の枠組みをほんの少し変えるだけで、説得効果は格段にアップする。

しかし、あまりネガティブ・フレームばかり使っていると人望をなくしてしまう恐れがある。

わかりやすい例を紹介しよう。

「甘いものばかり食べていると太るぞ」（ネガティブ）
「甘いものを減らせば痩せられるよ」（ポジティブ）
「新聞くらい読まないとバカになるぞ」（ネガティブ）
「新聞を読んだら知識が増えるぞ」（ポジティブ）

いずれも、言葉としてインパクトがあるのはネガティブのほうだが、優しい響きがあるのはポジティブのほうだろう。

そのため、**通常の業務ではポジティブ・フレームを、どうしても相手を説得したいときにはネガティブ・フレームを、というように両者をうまく使い分けるといい。**

もちろん、働きの悪い頑固な部下には積極的にネガティブ・フレームで攻めていくべきだ。

ネガティブ・フレームを効果的に使おう

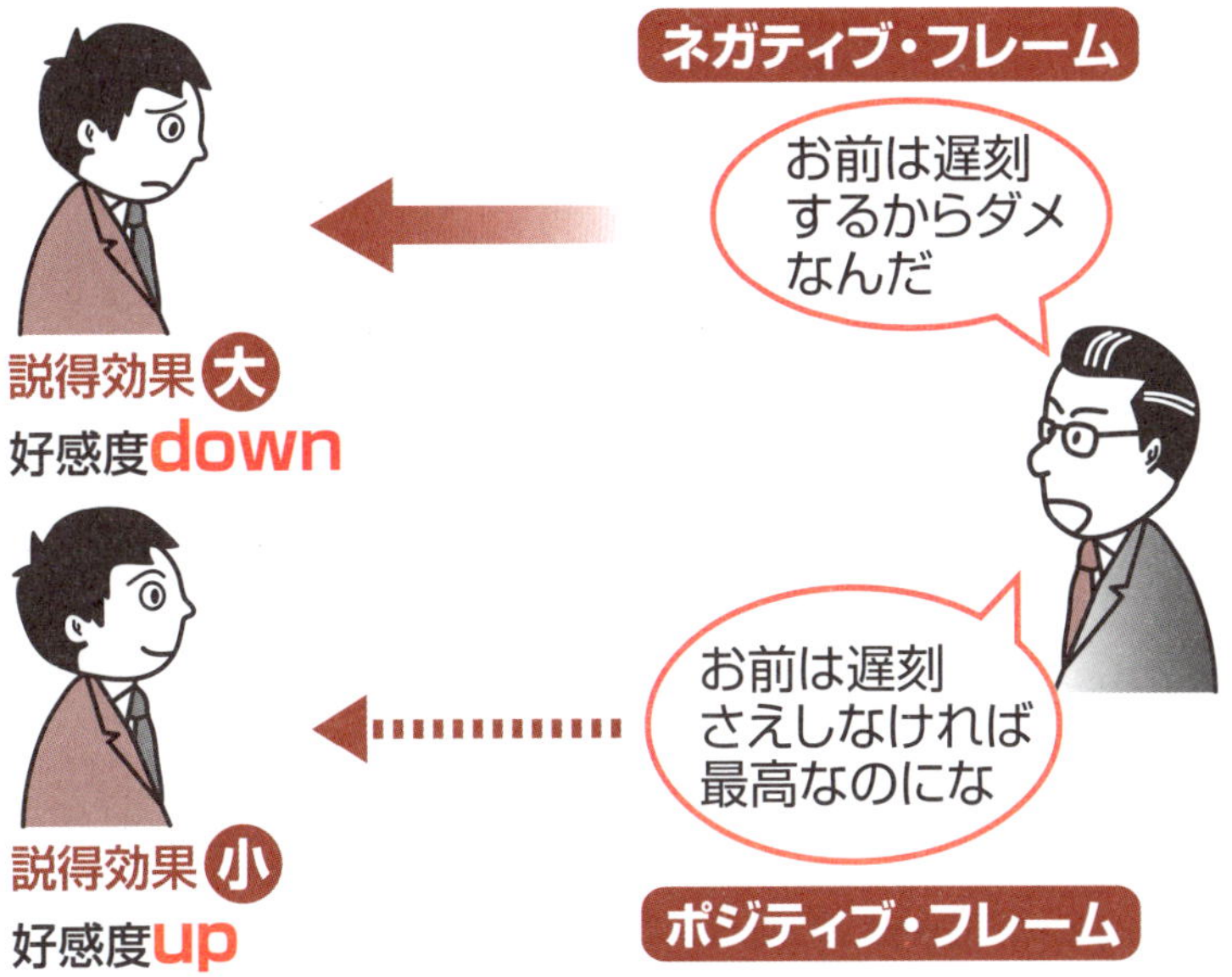
ネガティブ・フレーム
お前は遅刻するからダメなんだ
説得効果大
好感度down
お前は遅刻さえしなければ最高なのにな
説得効果小
好感度up
ポジティブ・フレーム

シチュエーションに応じてネガティブ・フレームとポジティブ・フレームを使い分けよう

◎広告も恐怖説得が支配している

ペンシルバニア州にあるベーレントカレッジの心理学者、メアリー・ピントは全米で人気の24の雑誌（フォーブスやニューズウィーク、ヴォーグなど）に掲載されている広告を3000以上分析した。

その結果、広告で商品をアピールするのに最も多く使われていた手法は「恐怖心をあおる」というもので、これが43％だった。要するに「このままでは太りますよ」「病気になりますよ」「異性にモテませんよ」といったメッセージによって恐怖心をあおっていたのだ。

広告の世界でも恐怖説得が幅を利かせているのである。

29 まずは自分が範を示せ

部下は上司の背中を見ている

あなたは誰かからお説教をくらっているとき、心の中で「じゃあ、お前がやってみろよ！」と叫んだことはないだろうか。

議論のすり替えのようにも思えるこの叫びだが、じつは心理学的にはかなり真っ当な主張なのである。

アムステルダム大学のヴァン・デン・プッテ教授は、チョコレートバーの広告を何パターンも作成し、どのアピール方法が最も説得力が高いのか、比較実験をおこなった。

その結果、「このチョコレートはみんな食べている」と社会性に訴える広告では、8％の人しか好意的反応を示さなかった。

そして「このチョコレートはおいしい」と利益に訴える広告では19％の人が好意的反応を示した。

しかし、最も効果的だったのは説得も何もせず、ただチョコレートをむしゃむしゃ食べてみせるパターンで、この広告は42％の人が好意的反応を示した。

つまり**他者の行動を促そうと思うなら、まずは自分がやってみせるのが一番**なのだ。

たとえば、上司であるあなたが部署の誰よりも早く出社する。こうすると遅刻がちな部下も早起きをするようになるはずだ。

もちろん、管理職の立場で20代の部下と同じように働くことは難しい。しかし、いざとなったら自分が出向いて話をつける、くらいの気概を見せていないと部下たちの心は簡単に離れていってしまうだろう。

部下たちは、あなたの声を聞くだけでなく、あなたの背中をしっかりと見ている。

真の説得力とは、言葉ではなく行動から生まれるものなのだ。

理屈より行動で人を動かせ

チョコレートバー

広告③	広告②	広告①
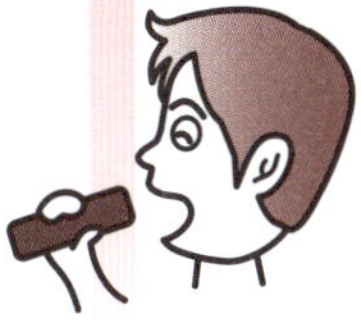	「このチョコレートはおいしい」	「このチョコレートはみんなが食べている」
食べてみせる	利益のアピール	社会性アピール
支持率 42%	支持率 19%	支持率 8%

どんなに言葉や戦略をつくした広告よりも「食べてみせる」広告のほうが圧倒的にアピール力がある

30 プラスの暗示をかけてやる

負の暗示を解いてやれ

これは非常におもしろい実験なので、データから先に紹介しよう。アリゾナ州立大学のスーザン・ピーターソンは、212名の学生に、バラバラのアルファベットを見せて、意味ある単語をつくらせる実験をおこなった。

たとえば「A、C、T」というアルファベットを見せて「CAT」という単語をつくらせるわけだ。ただ、実際の問題では14文字もある単語を考えねばならず、学生にとってかなりの難問だった。

このときピーターソンは、あらかじめ被験者たちに次のようなプラスの暗示をかけた。

「これと同じ問題を別の人にやらせてみたところ、ほとんどの人がうまく正解を見つけることができました。あなたもうまく解くことができますよ」

すると、本当に正解者が続出することがわかった。さらにピーターソンは、逆にこんな暗示もかけてみた。

「これと同じ問題を別の人にやらせたらほとんどできませんでした。あなたもきっとできないと思いますが、とりあえずやってみてください」

こうしてマイナスの暗示をかけられた場合、大半の人ができなかったという。

要するに、**われわれはプラスの暗示によって「自分にもできそうだ」と希望をもつことで、実際にできてしまう確率が高まる**のである。

これを仕事に応用すると、どうなるか。

まず、自信のない部下は自分で自分にマイナスの暗示をかけてしまっている。これを「みんなできたし、お前もできるよ」というプラスの暗示に変えてやれば、これまで以上の能力を発揮するはずだ。

暗示のキーワードは「みんなできる」「誰でもできる」である。

プラスの暗示で難問を突破させる

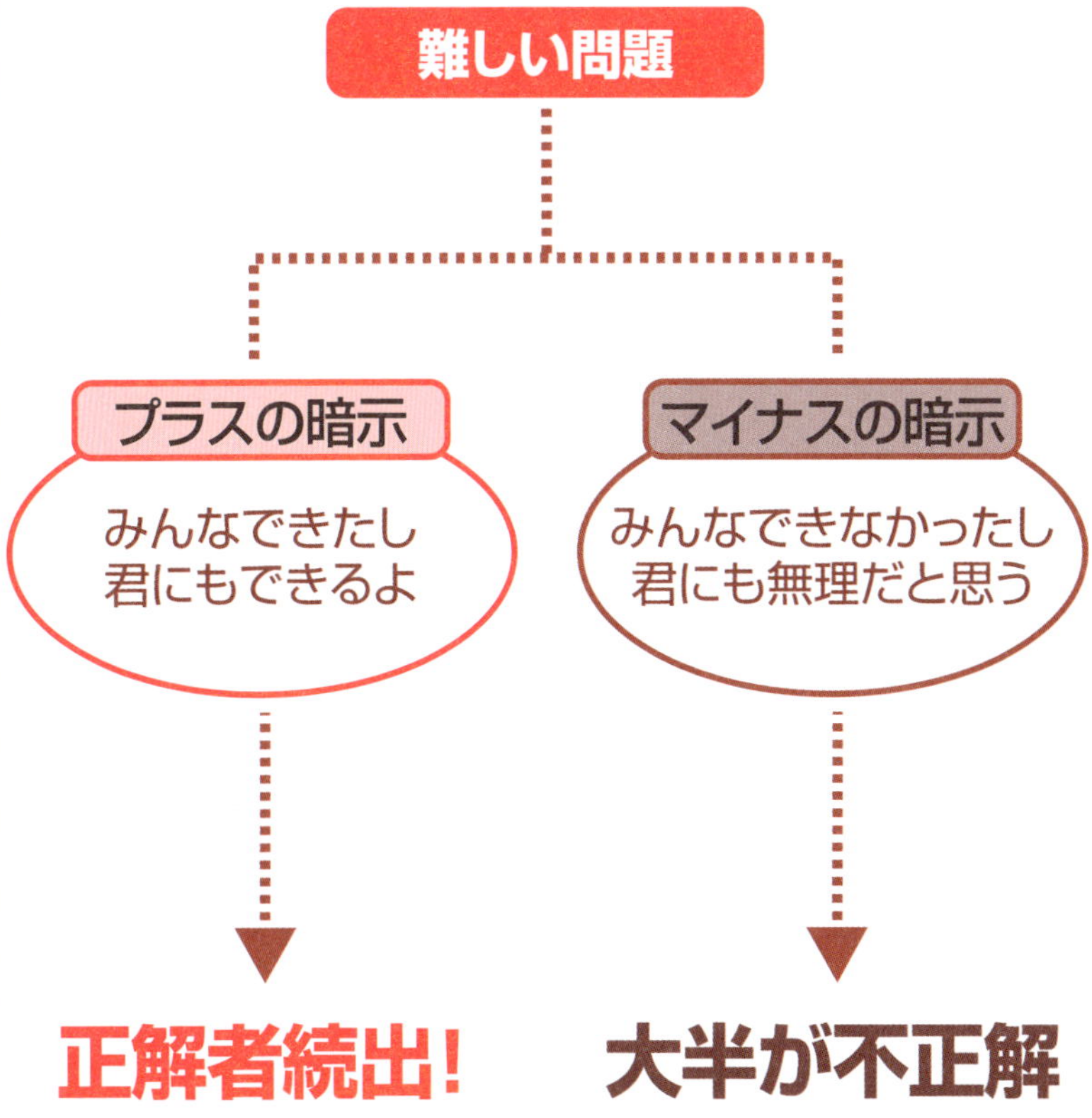
難しい問題
プラスの暗示
みんなできたし
君にもできるよ
正解者続出！
マイナスの暗示
みんなできなかったし
君にも無理だと思う
大半が不正解

「みんなできたよ」「だからあなたにもできるよ」というプラスの暗示で本当に難問をクリアできる

31 約束はこうして守らせろ

命令を「約束」に変える

仕事が遅い部下のスケジュールを読むのは、なかなか難しいことだ。これが内部の書類レベルならまだいいが、取引先への見積書や提案書、プレゼン資料などの作成だったりすると、納期を守ってもらわないと非常に困る。

もちろん、彼らに直接聞いても「スケジュールどおり来週には出しますよ」といった答えしか返ってこない。

こうした問題に対して、カナダにあるサイモンフレーザー大学の心理学者、ロジャー・ビューラーは、こんな実験をおこなっている。

まず、大学生たちに「このテーマで論文を書いて、何日で仕上げられるか」を予測させる。すると学生らの返答は平均33・9日ということだった。

ところが、実際に論文を書かせてみると、提出までに平均55・5日もかかった。20日以上のオーバーである。

学生たちは「自分ならこれくらいでできる」と見栄を張り、しかも論文作成の作業を甘く見てしまったのだ。

しかし、この実験でビューラーは、あらかじめもうひとつの質問をしていた。「最悪の事態が起こったとしたら、どれくらいで仕上げられるか?」と聞いていたのだ。

こちらの答えは平均48・6日。これでも実際の作成期間を約1週間もオーバーしているのだが、誤差はずいぶん縮められている。

つまり、部下であろうと取引先であろうと、重要な納期を聞き出すときには「最悪の場合、どれくらいになりますか?」という〝もうひとつの締切〟を聞き出しておいたほうが賢明なのである。

また、**こうして「最悪の場合」を聞き出しておくと、さすがに相手もこれだけは守ろうとする。自ら約束した納期なので破るわけにはいかないのだ。**

これもひとつの心理誘導といえるだろう。

スケジュールは2段重ねで用意する

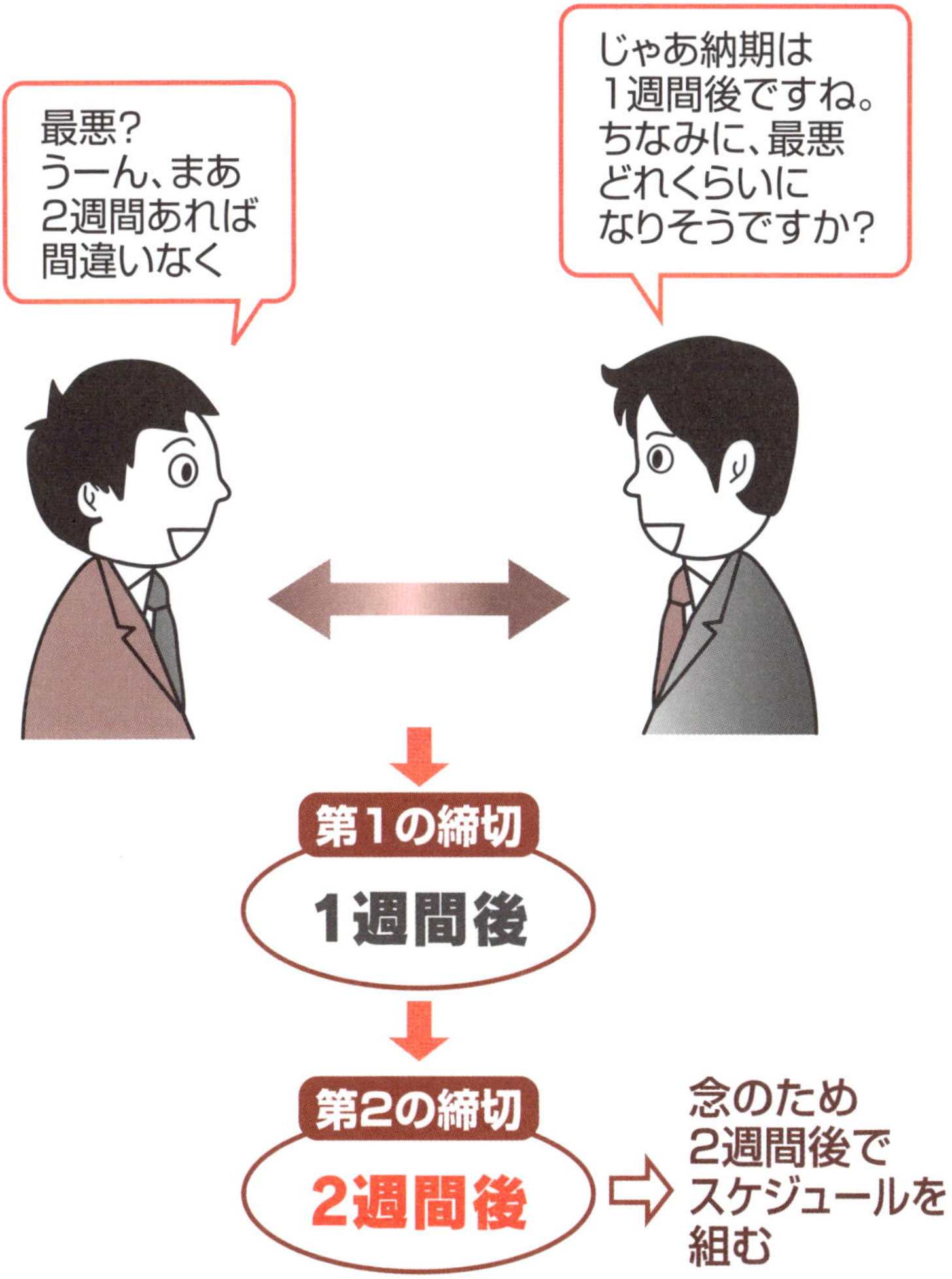
じゃあ納期は
1週間後ですね。
ちなみに、最悪
どれくらいに
なりそうですか?
最悪?
うーん、まあ
2週間あれば
間違いなく
第1の締切
1週間後
第2の締切
2週間後
念のため
2週間後で
スケジュールを
組む

納期は「通常パターン」と「最悪パターン」の両方を聞き出せ

ワンポイント心理学

嫌われる態度と口ぐせ

もし、あなたが「何もしていないのに嫌われる」というのであれば、それはあなたの何げない態度や口ぐせに問題があるのかもしれない。

たとえば、次のような態度をとっていないだろうか。

・よく髪の毛に触る
・腕組みをしながら話を聞く
・口を手で覆いながら話す
・アゴを30度くらい上げて話す
・目つきが険しい

あるいは、口ぐせにも「嫌われる口ぐせ」というものがある。

・相づちで「はいはいはい」と3回言う
・返事をするとき「うん」と応える
・だらしなく語尾を伸ばす（ですよねぇ〜）
・話の腰を折る質問が多い
・話の中に「そして」や「〜とか」が多い

もっとも、これらの態度や言葉は、1回や2回なら許されるものだ。そのため見過ごされやすいのだが、これは何度も続けられるとボディーブローのように効いてくる。そして気づいたときには「なぜか嫌われている」のである。

互いに自覚症状がない分、逆に厄介な悪癖といえるだろう。少しでも思い当たる人は十分に注意してほしい。

暗示の技術

第5章

一瞬で効く暗示の会話術

相手に対して最も暗示をかけやすい場面は、会話である。
われわれは会話において
さまざまな情報を交換しているが、
そこにこっそりと暗示メッセージを潜り込ませるのだ。
仕事からプライベートまで大いに活用してほしい。

32 相手と同じリズムで動け

まずは呼吸から合わせよう

シンクロナイズドスイミングなどを見ていると、よく「息の合った演技」という言葉を耳にする。

おそらくこれは「同調（シンクロナイズ）している」といった意味で使われている言葉だろう。

そしておもしろいことに、実際われわれも**相手との呼吸を合わせると、気持ちまで同調させていくことができる**のだ。心理学の世界で「ペーシング」と呼ばれるテクニックである。

ペーシングとは、その名のとおり「ペース」に注目したテクニックである。

早口の相手には早口でしゃべり、ゆっくりしゃべる人には、こちらもゆったりとした態度で接する。その他、表情から身振り手振りまで、あらゆるペースを合わせていく。

ただ、ここまで完璧にできるのはプロのカウンセラーくらいのもので、中途半端に全部のペースを合わせようとすると、逆に集中力が散漫になってしまう。

そこでたったひとつだけ合わせていきたいのが「息」、つまり呼吸なのだ。

相手の胸元を見ていれば、呼吸のペースは簡単にわかる。そして相手が息を吸うときに自分も吸い、息を吐くときに自分も吐く。こうやって呼吸のペースを合わせていくと、まさしく「息が合う」状態になって自然と体のリズムも同調してくる。

こうして**息と体のリズムが同調してしまうと、相手はなんとなく共感を抱くし、心を開いてくれる。**もちろん、そんなことはいっさい気づかず、なんとなく「この人とは肌が合うな」と思っているのだ。

相手の警戒心を取り払い、本音を引き出すには、まず呼吸のペーシングからスタートしよう。

「息の合ったコンビ」になろう

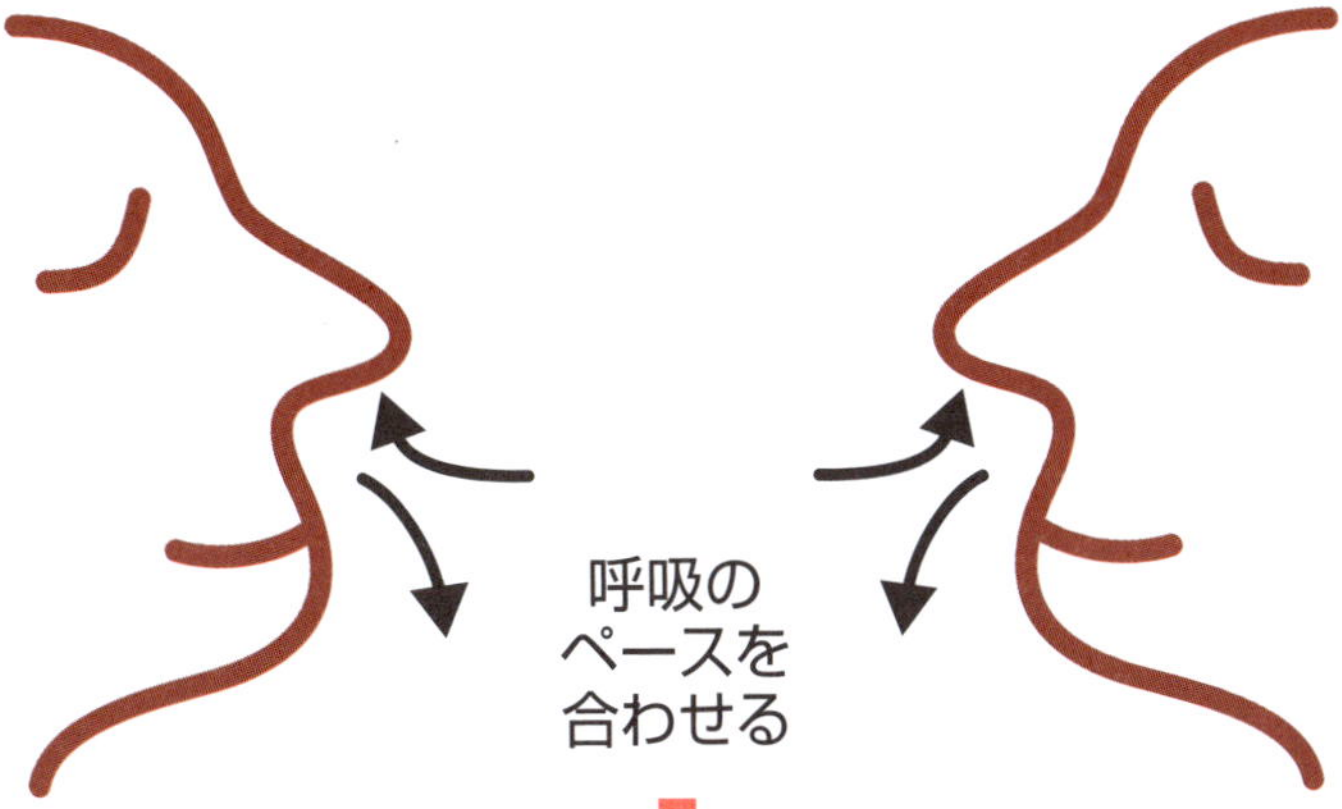

↓

自然と
体のリズムが
同調してくる
（会話のスピードや表情など）

↓

警戒心がゼロになる

呼吸のペースを同調させることで自然と体のリズムも同調し、相手は心を開く

33 効果的な相づちの打ち方とは？

「うんうん」の相づちでは弱すぎる

会話のポイントは相づちにある。

これは誰もが知っていることだし、会話術の本には必ず書かれていることだ。

しかし、相づちにも「いい相づち」とそうでない相づちとがある。

ノース・キャロライナ大学のチェスター・インスコ博士は、学生名簿からランダムに選んだ175名を対象にある実験をおこなった。

実験ではサクラの人物と2人1組になって、有料テレビについて話し合ってもらった。

そしてサクラ側の相づちを変化させ、どんな印象を抱くか調べていったのだ。

その結果、サクラの人物が「ふぅん（huh）」と気のない相づちを打つよりも、「いいね（good）」と好意的な相づちを打つほうが、サクラに対して好印象をもつことがわかった。

筆者も雑誌などの取材を受けているとき、インタビュアーの方が「うんうん」「はいはい」「へー」「ふぅん」といった相づちばかりをくり返していると、だんだんイヤになってくる。

一方、「なるほど」「それはおもしろい」「すごいですね」「本当ですか」など、変化に富み、しかも肯定的な相づちを打ってくださると、こちらの気分も盛り上がる。

相手が真剣に聞いて、しかも楽しんでくれていることが伝わってくるからだ。

つまり、**いい相づちのポイントは、肯定的な相づちであること**だ。肯定的な相づちには「あなたの話はおもしろい」「わたしはあなたの話を楽しんでいる」というメッセージが込められている。たかが相づちと侮ってはいけないのである。

相づちで誤ったサインを送るな

それで?
いいね
すごい
なるほど
うん
ふーん
へー

肯定的な相づち

○

↓

「あなたの話はおもしろい」というサイン

気のない相づち

×

↓

「あまり興味がない」というサイン

相づちの背後には、さまざまなメッセージが込められる。誤ったサインを送らないように注意しよう

暗示の技術

34 聞き上手から「訊き上手」へ

「聞く」は「黙る」ではない

会話上手は聞き上手、という言葉はよく耳にするものだ。ただ残念なことに、ほとんどのビジネス書や話し方の本では、それ以上のアドバイスをくれない。

まず、会話のなかで「聞くこと」は、ただ「黙っていること」ではない。

聞くというのは黙って受け身になる行為ではなく、能動的に自分から動いていく行為なのである。

相手に話題を振り、そこから相手の話題を聞き出し、肯定的な相づちを打ち、「それから?」「すごいなあ」「それでお兄さんはなんだって?」と興味を示し、どんどん相手を乗せていく。

こうした能動的な聞き方のことを、専門的には「アクティブ・リスニング」という。まさにインタビュアーとなって話を聞き出していくのである。

これができるようになると、相手はあなたの手のひらの上に乗ったも同然だし、周囲からの評価も急上昇するはずだ。

インディアナ州技術研究所のV・N・ギリは、400名以上の男女を対象に、コミュニケーション能力と質問力の関係について調査した。

その結果、**コミュニケーションが上手な人ほど、会話中に質問する数が多い**ことがわかった。

また、**質問力のある人ほど、自分に自信をもち、プライドが高い**ことがわかった。もちろん、ここでの自信は、そのままコミュニケーション能力の向上にもつながるのである。

受け身になって話を「聞く」だけでは、会話の名手とはいえない。攻めの姿勢で「訊く」会話ができるようになってこそ、名手といえるのだ。「会話上手は聞き上手」という言葉を取り違えないようにしよう。

アクティブ・リスニングを身につけろ

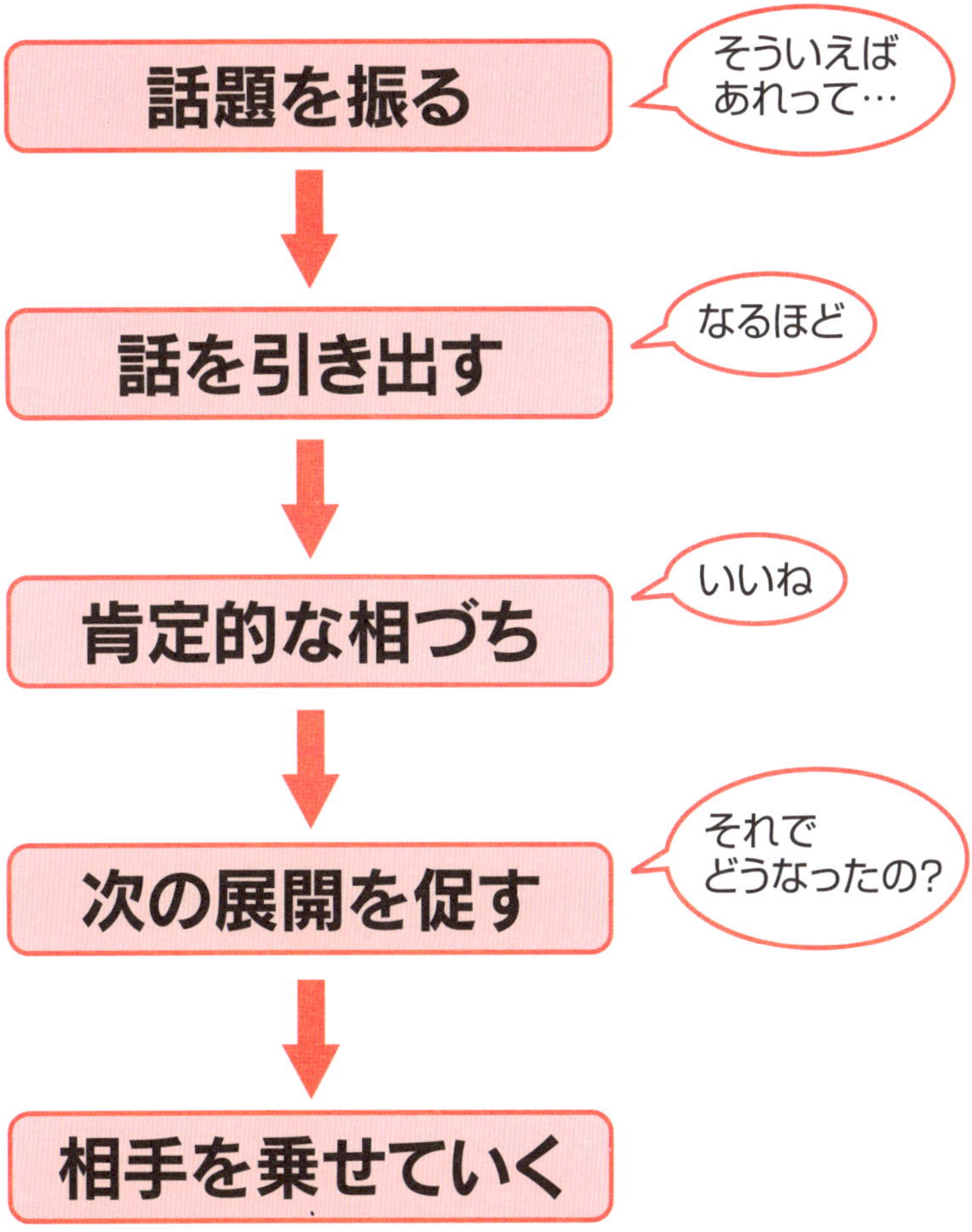
話題を振る
そういえば あれって…
話を引き出す
なるほど
肯定的な相づち
いいね
次の展開を促す
それで どうなったの?
相手を乗せていく

話は受け身になって聞くものではなく積極的に聞き出していくもの

35 答えは簡単に誘導できる

質問を変えれば答えも変わる

心理学の実験では、アンケートのように質問に答えてもらうタイプのものが多くある。このとき、厳しく禁じられているのが**「ワーディング」**という手法だ。

というのも、**この手法を使えば自分の望む答えを簡単に誘導することができる**からである。

ひとつ、データを紹介しよう。

シカゴにあるロヨラ大学の心理学者、エドウィン・グロスは175名の市民を対象に、次のようなインタビューをおこなった。

あるボールペンを見せ、半数の市民には「このボールペンのどんなところが好きですか?」と質問する。すると36・1%の市民から、好意的な回答が返ってきた。

一方、残りの半数には「このボールペンのどんなところが嫌いですか?」と質問する。このとき、好意的な回答を寄せたのは15・6%にすぎなかった。

おわかりだろうか。好意的な回答などというものは、質問の角度を変えることによって簡単に操作できるのだ。もし、これが内閣支持率や政党支持率などの調査でおこなわれていたら、大変である。

しかし、このテクニックは仕事やプライベートに大いに活用できる。

たとえば「今のところA案でほぼ決まりなんだけど、どう思う?」とか「確認のため聞いておくけど来月の出張、任せて大丈夫だよね?」といった感じで質問すると、相手は断りづらい。

あるいは「残業のメリットってなんだろう?」と質問すれば、残業への好意的な答えが返ってくる。そして残業を断りづらくなる。

ワーディングの技術をうまく使って、相手の答えを誘導していこう。

質問の角度を変えよう

残業は嫌い?
通常の質問
嫌いですよ
否定的な答え
残業のメリットってなんだろう
ワーディング
えーと、残業手当とあと少しだけ充実感とか一体感がありますよね
好意的な答え
(答えの方向性が限定)

質問の角度を変えると答えも変わってくる

暗示の技術

36 最初の話題は「相手の趣味」

楽しい文脈で丸め込め

まず結論から先に述べてしまおう。

相手と仲良くなりたいと思うのであれば、最初に選ぶ話題は「相手の趣味」にするべきだ。

なぜ、そうなるのかデータを紹介する。

ニューヨーク大学の心理学者、グレーニー・フィッツサイモンズは空港の待合所で一人でいる人々を対象に、次のような実験をおこなった。

まず、自分が心理学の研究調査をしていることを明かし、半数の人には「あなたの友達について質問をさせてください」とお願いする。また、もう半分の人には「あなたの同僚について質問させてください」とお願いする。

そして質問終了後、「もう少し時間のかかる質問があるのですが、答えていただけますか？」と尋ねる。

すると、友達について尋ねられた人々は52・9％が承諾したのに対し、同僚について尋ねられた人々の承諾率は18・8％にすぎなかった。

この理由は簡単だ。自分の好きな友達について話しているうちに楽しい気分になり、質問者への好感度もアップして、「もっと話したい、次の質問にも答えてあげよう」という気持ちになったのである。

このように、前後の文脈によって判断が左右されることを、「コンテキスト効果（文脈効果）」という。

ここまでわかると、最初の話題を「相手の趣味」にすべきだという話も理解できるだろう。もちろん相手の友達や好きな食べ物などでもかまわないが、とにかく**相手が気持ちよくしゃべれる話題を選ぶ**のだ。

そして**相手の気持ちが盛り上がってきたところで、少しずつ自分の話や提案を織り込んでいく。すると相手は文脈の勢いに乗ったまま、快く受け入れてしまう**のである。典型的な暗示の会話術といえるだろう。

文脈の中でアプローチしよう

①相手の趣味
タイ料理が好きなんだって？
そう！ 2年に1度は旅行するし大好きなの
②楽しい気分
いいなあ 東京でオススメの店があったら連れてってよ
③文脈の中で申し出る
うんうん、青山にいいお店があるよ
④承諾

楽しい話題の中で申し出たことは意外なほどあっさり承諾される

37 主語を「あなた」にしてみろ

口喧嘩で勝利するコツとは

誰かと口論になったとき、意外なほど簡単に勝利できる方法がある。

それは主語を「わたし」から「あなた」に変えることだ。この「わたし」を主語にするコミュニケーションを「Ｉコミュニケーション」といい、「あなた」を主語にするものを「Ｙｏｕコミュニケーション」という。

ウィスコンシン大学の心理学者、ジェームズ・ディラードは51組の夫婦（平均結婚7・8年）に、擬似的な口喧嘩を実演してもらった。

すると、**主語にＩよりもＹｏｕを使ったほうが、口喧嘩をうまくまとめる（勝利する）確率が高い**ことがわかった。つまり、「わたしは○○したかった」ではなく「あなたは○○してくれなかった」と話すわけだ。

ちなみに、勝率は女性のほうが高く、男性は「外的な理由」を主語にすると勝率が高くなる。たとえば「会社が」とか「上司が」と、第三者を主語にするのだ。

Ｉコミュニケーションでは、多くの場合が「自分の要望」を主張することになる。自分はこうしたい、自分はこれを望んでいる、これが自分のやり方だ、といった形である。

これに対してＹｏｕコミュニケーションでは、主に「相手の過失」を責めることになる。あなたはこれをしてくれなかった、あなたはこんなひどいことをした、あなたは全然わかってない。こう責められると、相手もなかなか反論できないだろう。

もちろん、常にＹｏｕコミュニケーションが強く正しいわけではない。しかし一般的に男性はＩコミュニケーション中心になりがちなので、うまく主語を切り替えてＹｏｕコミュニケーションを使えるようになるといいだろう。

主語を“You”にしてみよう

あなたは
こんなひどい
ことをしたのよ!
オレは
お前のそういう
ところが
許せないんだ

You	I
コミュニケーション	コミュニケーション
↓	↓
相手の過失を責める	自分の要望を主張
↓	↓
認めざるをえない	**拒絶されやすい**

Youコミュニケーションでは相手の過失を責めるため相手も認めざるをえない

38 話に「ドラマ」を持ち込め

ポイントは物語性の有無

唐突だが「おもしろい話」と「おもしろくない話」の境界線は、どこにあるのだろうか？　あるいは、話のうまい人とそうでない人の違いはどこにあるのだろうか？　ユーモア？　いや、ダジャレをたくさん挟んでも、つまらない話はつまらない。

心理学者であれば、ズバリ断言できる。おもしろい話とおもしろくない話の境界線、それは「ドラマ性」の有無だと。

カナダのモントリオール・マネジメント・スクールのシェバット博士は、学生たちに対してエイズ予防とマラリア予防に関する「説得」を2つの方式でおこなった。

ひとつは、講義形式による通常の説得。

もうひとつは、クマさんを主人公としたドラマ仕立ての説得である。

その結果、講義形式でやるよりも、ドラマ仕立てで説得したほうが、共感を呼び、説得効果が高くなることが明らかになった。とりわけ、相手に関心がまったくない場合はその差が顕著だったという。これを心理学では「ドラマ効果」という。

もし、**あなたが自分の話は退屈だと思っているとしたら、それは物語性が足りないのだ。**

話のうまいタレントさんは、事実を列挙するような話し方はしない。ちゃんと起承転結をつけ、物語性をもたせながら話を進めていく。

そしてドラマ仕立てで説明されると、相手はかなりの確率で食いついてくる。たとえ興味のない話題でも、食いつき、なんとか自分を重ね合わせようとする。だってそうだろう、共感できたほうが、物語はおもしろいのだ。

優れた物語には、人の興味を引きつけ、共感させるだけの「吸引力」があるのだ。

おもしろい話にはドラマがある

さあ、そこで家康は考えた。江戸に幕府を開こう、と!
1603年江戸幕府が開かれました
ドラマ性あり
ドラマ性なし
うんうん、それで?
なるほど
…………

どんなに興味のない話でも、うまくドラマ性を持ち込めば誰をも魅了する話になる

39 偉人の言葉を引用しろ

偉人の権威を横取りする

会話の中で、自分を大きく見せるコツとして「偉人の言葉を引用する」というものがある。

「ドラッカーもいってるように、リーダーってのは…」

「これはスティーブ・ジョブズの言葉なんだけど、彼が起業したとき…」

「アインシュタインによると、常識というのは…」

こうして**著名な誰かの言葉を引用するだけで、人はその言葉に「権威」を感じる。しかも、それを引用した本人に対しても、権威や強さを感じてしまう。**心理学ではこれを「権威効果」と呼ぶ。

テキサス大学で広告学を研究しているパメラ・ホーマーは、男女234名の大学生を対象に、次のような広告を見せて実験をおこなった。

スキンケア商品の広告を作成し、そこに記されている文章を2パターン用意する。ひとつは会計士が推奨している、という内容の文章で、もうひとつはスキンケアの専門家が推奨している、という文章である。

そして、どちらの広告に説得力を感じたか聞いてみたところ、スキンケアの専門家が推奨している広告のほうが説得効果が高いという結果が出た。

会計士も権威のひとつには違いないが、お門違いだったというわけだ。

つまり、権威効果を使う場合には、なるべく話の内容に合致した人物を引用するほうがいい。ビジネスの話をしているときにスポーツ選手の言葉を引用しても、効果は薄くなってしまうのだ。

ちなみに筆者も、著書の中ではかなり引用を使っている。しかも大半が海外の、比較的新しい論文だ。これは心理学的な裏付けを示すためのものであるが、結果的には権威効果が働いているはずである。

偉人の権威を借りてしまえ

すごい
アインシュタイン
によると世界とは…
権威効果

偉人の言葉を引用することで自分にも権威を感じさせることができる

40 たとえ話の技術を磨け

比喩があるほどわかりやすい

相手に何かを説明するとき、べつに完璧に理解してもらう必要はない。とりあえず「わかった気」になってもらって、受け入れてもらえればそれでいいのだ。

そして相手をうまく「わかった気」にさせるとき、最も有効な手段は「比喩」である。

たとえば「臨床心理士」という仕事も、簡単に「心のお医者さんみたいなものだよ」といってしまえば、子どもにでもニュアンスは伝わるだろう。

あるいは、「iPS細胞」のことを一般に「万能細胞」と呼んでいるのも、厳密な正確さよりもわかりやすさを重視したものだろう。

イリノイ州立大学の心理学者、ジェームズ・マクロスキーは、ある講演を録音したテープを528名の被験者に聴かせた。

用意されたテープは同じテーマ（アメリカのブラジル支援について）の2種類で、一方は比喩を多く使い、もう一方は比喩を使わず語られた講演である。

すると、比喩を使った講演のほうが、その内容を受け入れやすいことがわかった。

つまり、**比喩をうまく使うと「わかった気」にさせられるだけでなく、こちらの主張も受け入れてもらいやすくなる**のだ。

もっとも、比喩を使いこなすのはそれほど簡単ではない。そこでトレーニングのつもりで「いわば○○のように」「要するに○○で」「まるで○○みたいに」と、物事を言い換える習慣をつけるといいだろう。

あるいは、話の途中で「たとえばさ」といって具体例を挙げるようにするだけでもいい。これもひとつの言い換えであるし、普通の説明よりはずっとわかりやすくなるはずである。

話にたくさんの比喩を取り入れよう

いま
医学界では
iPS細胞という
ものが
話題で…
つまり
万能細胞
です
なるほど、
万能細胞
わかりやすさ
受け入れる

**たとえ話にすると
理解が早くなり
受け入れやすくなる**

比喩の力を鍛えるには「いわば○○のように」など、普段から言葉を言い換える習慣をつけるとよい

ワンポイント心理学

記憶力と暗示の関係

人間は、1日の出来事のうち、何%くらい忘れてしまうのだろうか。

正解は95%以上である。驚くべき数字かもしれないが、われわれはその日に起こった出来事の95%も忘れてしまうのである。

ここから、次のような実験も可能になる。

アリゾナ大学の心理学者、ブレイナード・レイナは、記憶に関してある実験をおこなっている。

まず被験者に60個の単語を記憶させる。そして、そのうちいくつかを実際には覚えさせていない単語にすり替え、「これは簡単だったから覚えているよね?」と強引に決めつけて確認する、という実験だ。

その結果、多くの学生は記憶のすり替えに引っかかってしまうことがわかった。しかも1週間後の再テストでは、すり替えられた単語のほうがよく覚えていたほどであった。

つまり、われわれの記憶はまったくアテにならず、その分いくらでもすり替えたり捏造《ねつぞう》したりできてしまう、ということである。

もちろん、これはあなた自身についても当てはまる。

あなたの記憶も、どこまでが本物の記憶で、どこからが捏造・すり替えされた記憶なのかわからないのだ。

恐ろしい話だが、これは事実なのである。

暗示の技術

第6章

自分を強くする自己暗示術

暗示は、なにも他者に対してばかり使うものではない。
自分に対して暗示をかけ、
自分をうまく操縦することもできる。
自分を変えたいと思っている人ほど、真剣に読んでほしい。
マイナスをプラスに変えるのは簡単なのである。

暗示の技術

41 内気な自分をどうするか

日本人の8割は内気？

きっと、本書を読んでくださっている読者のほとんどは「自分は内気で引っ込み思案な人間だ」と考えているはずである。

というのも、ある調査によると日本人の約8割が「自分は内気で引っ込み思案だ」と考えているというのだ。これはものすごい数字である。

さて、それであなたは本当に内気で引っ込み思案なのだろうか。

ウエスタン・オンタリオ大学のローン・キャンベル博士は、われわれは付き合う長さが「20カ月以上」になれば気心が知れてきて、軽口やちょっとした悪口もいえるようになる、という調査結果を発表している。

ここでちょっと考えてほしい。

20カ月以上たてば気心が知れるということは、それまでの期間はなかなか打ち解けられない、ということを意味している。ましてや、初対面のうちから打ち解けられる人などほとんどいないのだ。

だから、**あなたは決して内気でも引っ込み思案でもなく「普通」なのだ。**少なくとも、自分は普通だと思ってかまわないし、そう考えることをアドバイスしたい。

親しくもない人と話すときに緊張するのは、いたって普通の話だ。それを「普通じゃない」と考えるから、余計にぎくしゃくしてしまうのである。

学校でも職場でも、おそらく1年も同じ仲間と過ごしていれば緊張することはなくなるだろう。少なくとも、普通に挨拶を交わす程度には慣れているはずだ。

自分は内気だと思い込むことは、「内気」というラベルを貼り付け、先にも紹介したラベリング効果（16頁参照）でマイナスの暗示をかける行為である。

もっと気楽に構えるようにしよう。

負のラベリング効果に注意

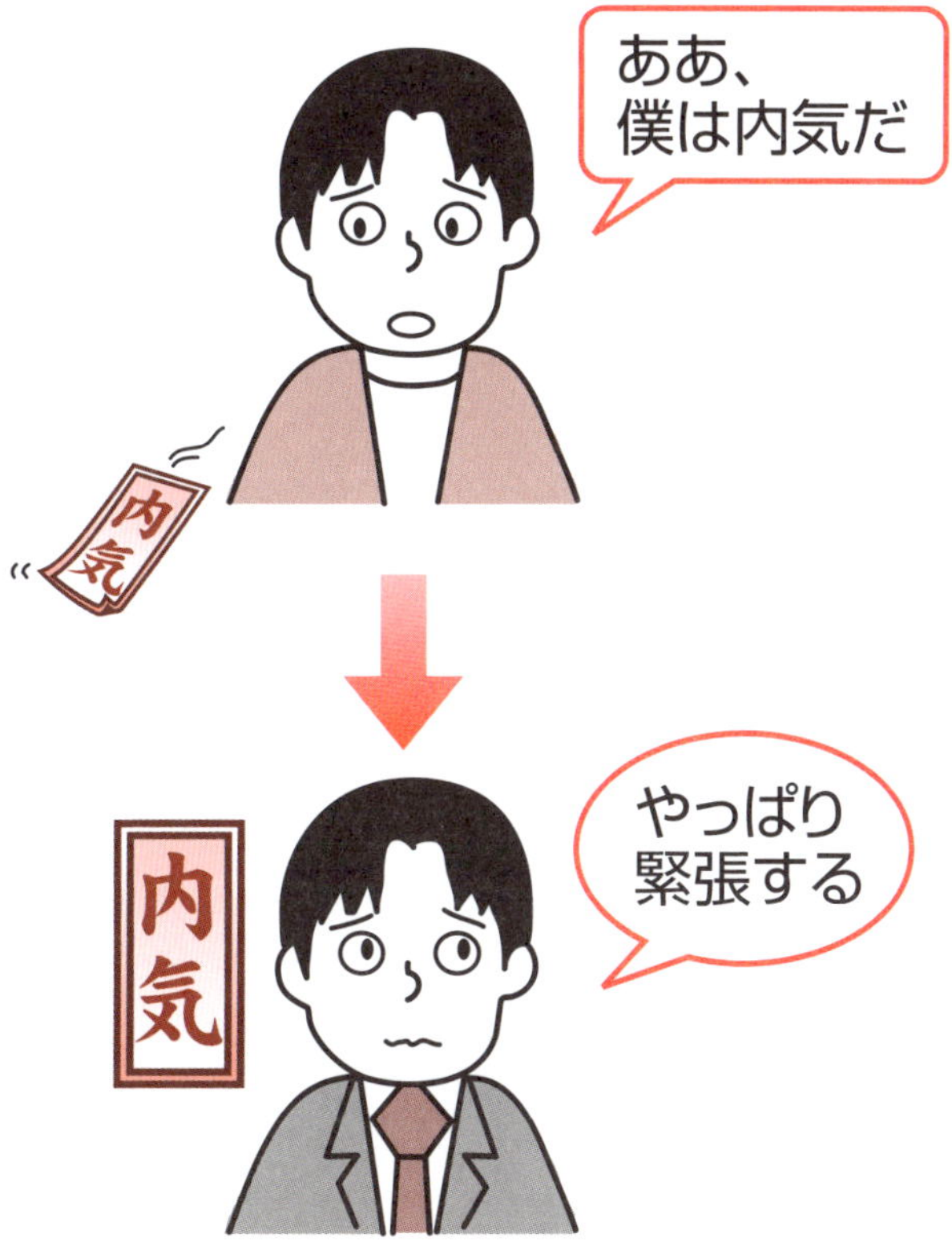

自分で自分にラベルを貼り付けてしまう!

自分は内気だと思い込むと自分で自分に負のラベルを貼ってしまう

42 忘れるからこそ未来が見える

優柔不断の理由とは？

もし、あなたが物事をなかなか決められない優柔不断タイプの人だとしたら、筆者からのアドバイスはひとつ。「忘れっぽくなること」である。

要するに、過去のことをあれこれ考えるのをやめるのだ。これは一見、優柔不断となんのつながりもないように見えるが、次のような理由がある。

デポール大学のマーク・スペクター博士は、２１５名の大学生の時間に対する意識を調べ、過去にとらわれ、昔のことばかり考えやすい「過去志向」の人と、未来のことをよく考える「未来志向」の人に分けて、それぞれの性格を分析した。

すると、**過去志向のタイプには意思決定が遅く、優柔不断な人が多い**ことがわかったというのだ。

スペクター博士によると、いつも昔のことを考える人は、過去の決定の失敗にも敏感になっているため、優柔不断になりやすいのだという。

一方、未来志向の人は楽天的で、いい意味で物事をあまり深く考え込まない。そのため、さっさと意思決定できるのである。

そして仮に失敗したとしても、いつも未来に目を向けているので、失敗を引きずらない。

一般に、忘れっぽいことは欠点のように語られがちだ。しかし、**忘れっぽいおかげで後悔にさいなまれることがないし、楽天的でいられる。**

だったら、まず「忘れっぽいことはよくない」という思い込みを捨てて、物忘れする自分を認めていこう。そして少しずつでもいいから過去志向から未来志向へとシフトチェンジしていくのだ。

楽天家のカギは、忘れっぽさにあることは覚えておいたほうがいいだろう。

過去志向の人は優柔不断になる

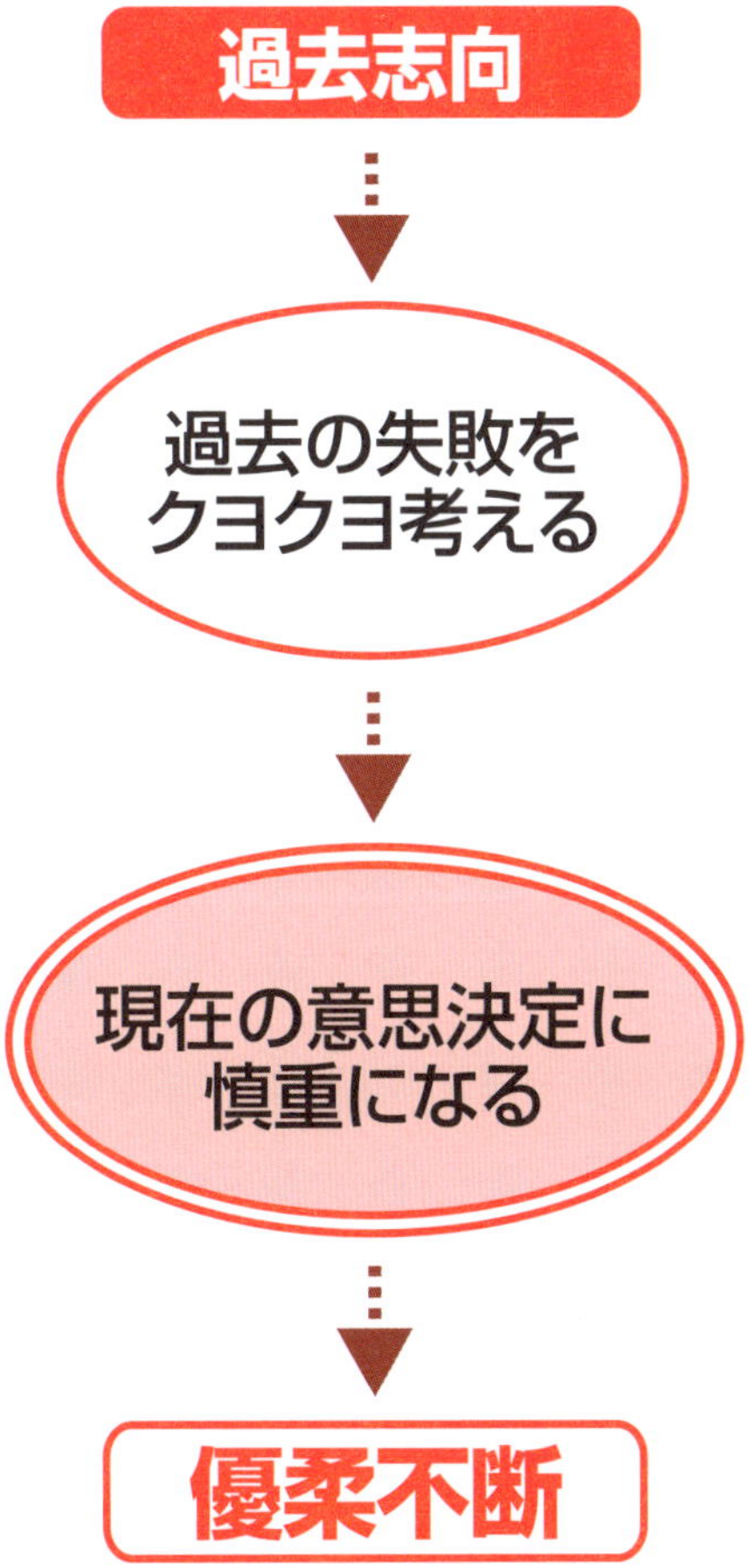
過去志向
過去の失敗をクヨクヨ考える
現在の意思決定に慎重になる
優柔不断

忘れっぽい人は過去のことを考えないため自動的に未来志向になる

43 ライバルをつくらず競争しない

日本人は争いを好まない

ここ10年くらいであろうか、世の中全体に「成果主義」や「弱肉強食」といった言葉が溢れるようになった。そしてビジネス書を見ると、大抵は「大競争時代を勝ち抜け！」といった話が書いてある。

しかし、筆者の意見はまったくの逆だ。

競争なんて、せずにすむのならしないほうがいいに決まっている。そのほうがストレスのない人生を歩めることなど、わかりきっている。

というのも、**もともと日本人は競争に不向きな国民性**なのだ。

フロリダ州にあるローリンズ大学の心理学者、ジョン・ヒューストン博士は、日本、中国、アメリカの学生を対象に競争心の強さを調べたことがある。

この心理テストは「他人と競争するのはワクワクすることだ」といった14項目の合計点で算出される。

そしてテストの結果、3カ国のなかで最も競争心が低いのは日本人だった。ちなみに1位アメリカ、2位中国である。

ここからわかるのは、日本人ビジネスマンの尻を叩いて競争させようとしたところで、効果がないということだ。むしろ、かえってプレッシャーを感じて萎縮してしまう可能性も高い。

もし、競争相手がいないと気が抜けるというのなら、「1カ月前の自分」をライバルとすることをお勧めする。これならば競争心の低い日本人でも、プレッシャーを感じることなくやっていけるはずだ。

世の中の雰囲気に流されて、無理して自分を競争に駆り立てるのはやめたほうがいい。もっと日本人向きな、もっと自分にフィットした生き方があるのではないだろうか。

競争に向かない日本人

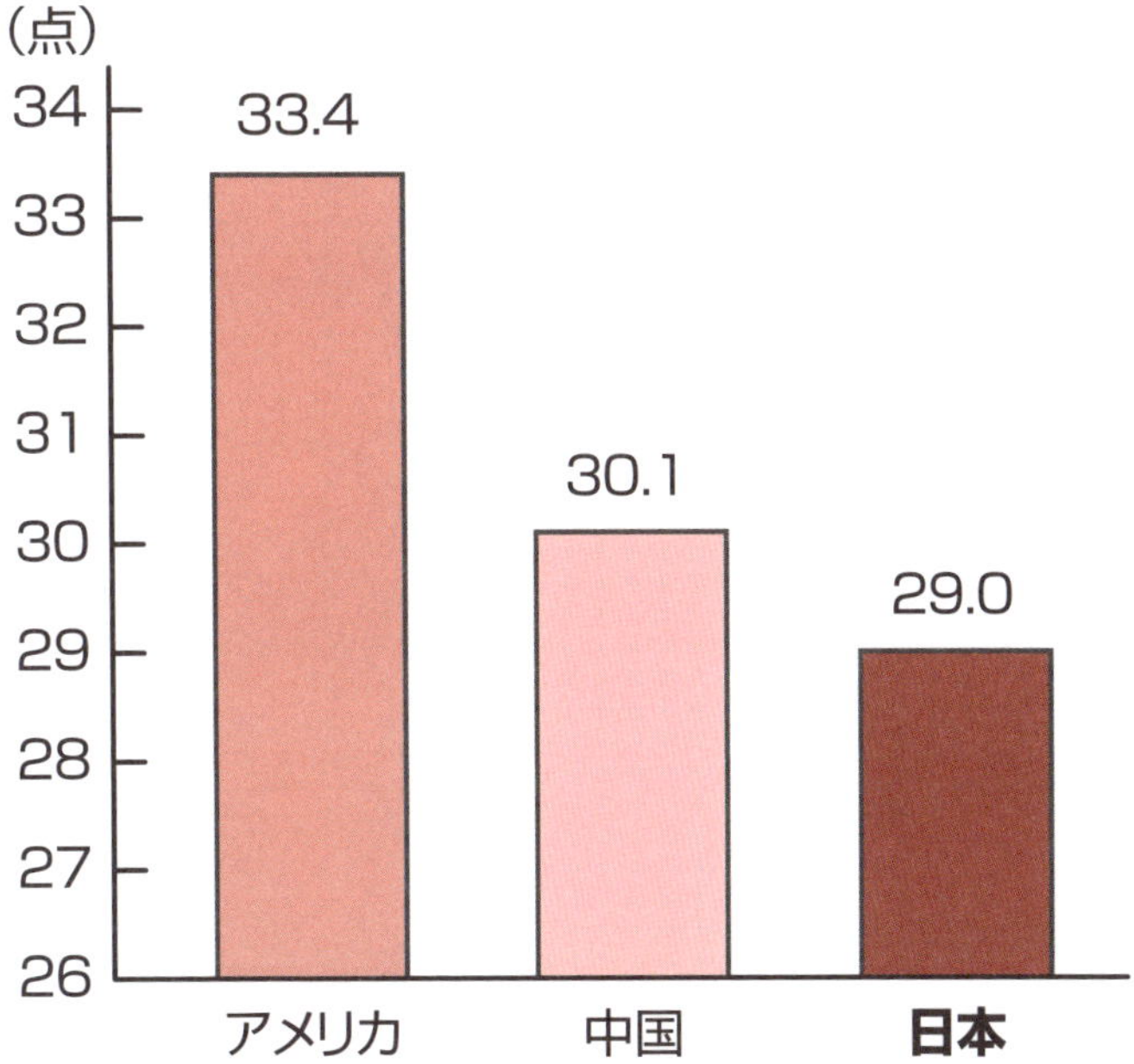

競争心の強さの比較調査

(出典:Housuton, J. M., et al., 2005)

日本人は競争に不向きな国民性をもっている

日本人はアメリカ人や中国人に比べて競争心が低い

暗示の技術

44 まずは体を鍛えてみよう

体が変われば心も変わる？

われわれは体を鍛える方法なら、よく知っている。ジョギングでもいいし、筋トレするのでもいいし、水泳でもいい。やり方はいくらでもある。

一方、精神力を鍛えるという話になると、ちょっと難しい。座禅を組むのか、瞑想するのか、あるいは滝に打たれるのか、まるでピンとこないだろう。

しかし、じつは精神力を鍛えるには、つまり心を鍛えるには簡単な方法がある。

なにを隠そう、体を鍛えてしまえばいいのだ。**体を鍛えると、心まで強くなる**のである。

YMCAメトロポリタン・アトランティックのジェームズ・アネッシーは次のような実験をおこなった。

まず50名の小学生に、放課後に週3回の運動をおこなわせる。そして別の小学生42名には、放課後に宿題や読書をさせる。

この両者を比較して、どれくらい自分のことが好きになれるのか、どれくらい自分に自信がもてるようになるのかを調査した。

実験は12週間にわたって続けられたのだが、実験の結果、週3回の運動をした小学生のほうがポジティブな自己概念をもつことがわかったのである。

また、疲労感や抑うつ感、緊張感などの精神的ムードについても測定したところ、やはり運動をした小学生のほうが疲労感などを感じにくくなっていた。

難しいことを考える必要はない。

もし、自分のことが好きになれないとか、自分にネガティブな評価を下しているというのなら、まずは運動することだ。体を鍛えることだ。

体力がついていけば、自然とポジティブな自己概念がもてるようになるのである。

体を鍛えれば心も強くなる

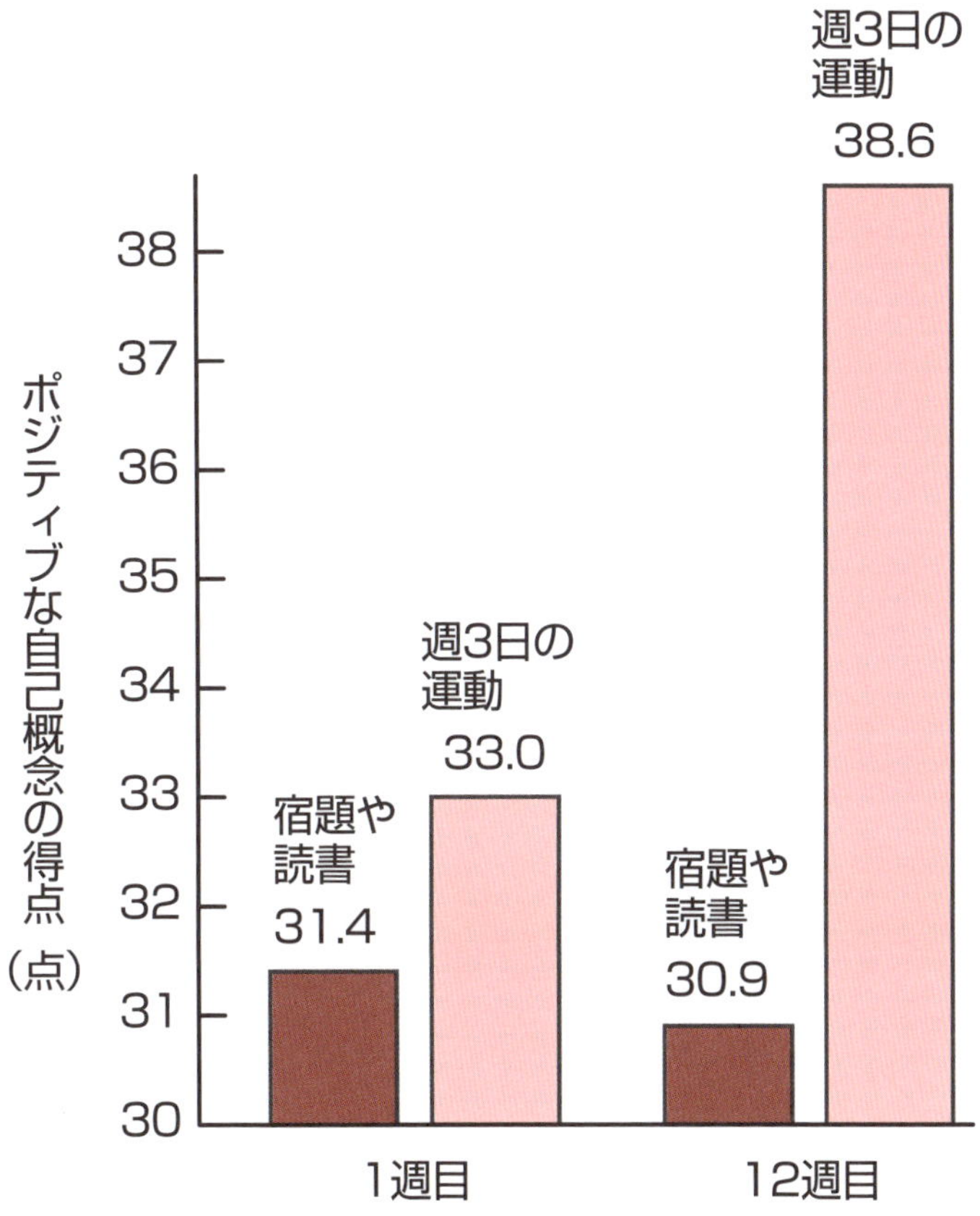
ポジティブな自己概念の得点（点）
38
37
36
35
34
33
32
31
30
宿題や読書 31.4
週3日の運動 33.0
宿題や読書 30.9
週3日の運動 38.6
1週目
12週目

（出典:Annesi, J. J., 2005）

体力がつけば自己評価もポジティブになっていく

45 自己評価はいつでも100点

自分の採点者は自分

われわれはみんな「自分はこういう人間だ」という、「セルフイメージ」を抱いている。そしてこのセルフイメージが高い人ほど、自分の能力を開花させ、充実した人生を送ることができる。

それでは、現在セルフイメージが低い人はどうしたらいいのだろうか。

答えは簡単だ。点数を水増ししてやればいい。下駄を履かせてやればいいのである。

イリノイ大学のデボラ・フィリップス博士がおこなった研究を紹介しよう。

フィリップス博士が、115名の小学5年生を調べたところ、**実際の能力よりも自分の力を上だと考えている子どもは、学業成績が伸びやすい**ことがわかった。

一方、実際の実力よりも自分を過小評価する子どもは、伸び悩んでしまうという。

そしてフィリップス博士は、自分の実力に下駄を履かせるような行為は「妄想」ではなく、好ましい幻想であると語っている。

実際のところ、成功者と呼ばれる人たちの多くは、自分の実力に下駄を履かせて考えている。70点程度の自分に、堂々と100点満点をつけている。

これは非常におもしろいところで、セルフイメージの点数をつけるのは自分だ。自分が100点といえば100点だし、60点と思えば60点になるのだ。

だったら、高い点数をつけたほうがいいに決まっている。筆者の場合も、心理学者としての自分には100点満点をつけている。べつに誰に迷惑をかけるでもない。自分の中での点数だから、筆者の自由なのだ。

あなたも自分の点数に大いに下駄を履かせよう。そして100点満点をつけてみよう。

セルフイメージは自己採点

自分は
100点満点
だ!
自分は
せいぜい
60点だ
100点
60点

どちらも点数をつけるのは
自分自身!

セルフイメージの中では自分の実力に大いに下駄を履かせていい

46 できる自分を口にしろ

公表効果を使いこなす

ときおり、名刺交換の段階から「ちょっと緊張しておりますが」などと余計なことを口にする人がいる。そして本当に緊張してしまうのだ。

これは「公表効果」と呼ばれるもので、**われわれが口にする言葉はそのまま内在化され、自分の意識を変えていく**のである。

ケース・ウェスタン・リザーブ大学のダイアン・タイス博士がおこなった実験によると、人前で「私は感情的で激しやすい人間です」と語らせた被験者は、本当に感情の起伏が激しくなってしまうという。

逆に人前で「私は感情的に落ち着いている人間です」と語らせると、その人の感情は本当に落ち着いていったそうだ。まさに公表効果の力である。

また、公表効果はポジティブな方向に応用していくことも可能だ。

あのイチロー選手は中学時代、同級生から「20歳になったらみんなで集まろう」と提案され、「僕はダメだ。その頃はプロで活躍しているから」と真顔で答えて笑われたことがあるそうだ。

このように、自分の夢や目標を声に出して公表してしまうと、あなたの意識は大きく変わっていく。

英会話をモノにするという目標でもいいし、一戸建ての家を建てるという目標でもいい。「実現できなかったら笑われてしまう」などと考えず、どんどん人前で口にしていくことだ。

成功者と呼ばれる人たちは、大ボラ吹きが多い。これは「とにかく思いついた目標を口にする」という公表効果の習慣がついている証拠だ。

間違ってもネガティブな言葉を口にしないよう、注意していただきたい。

公表効果で自分を変える

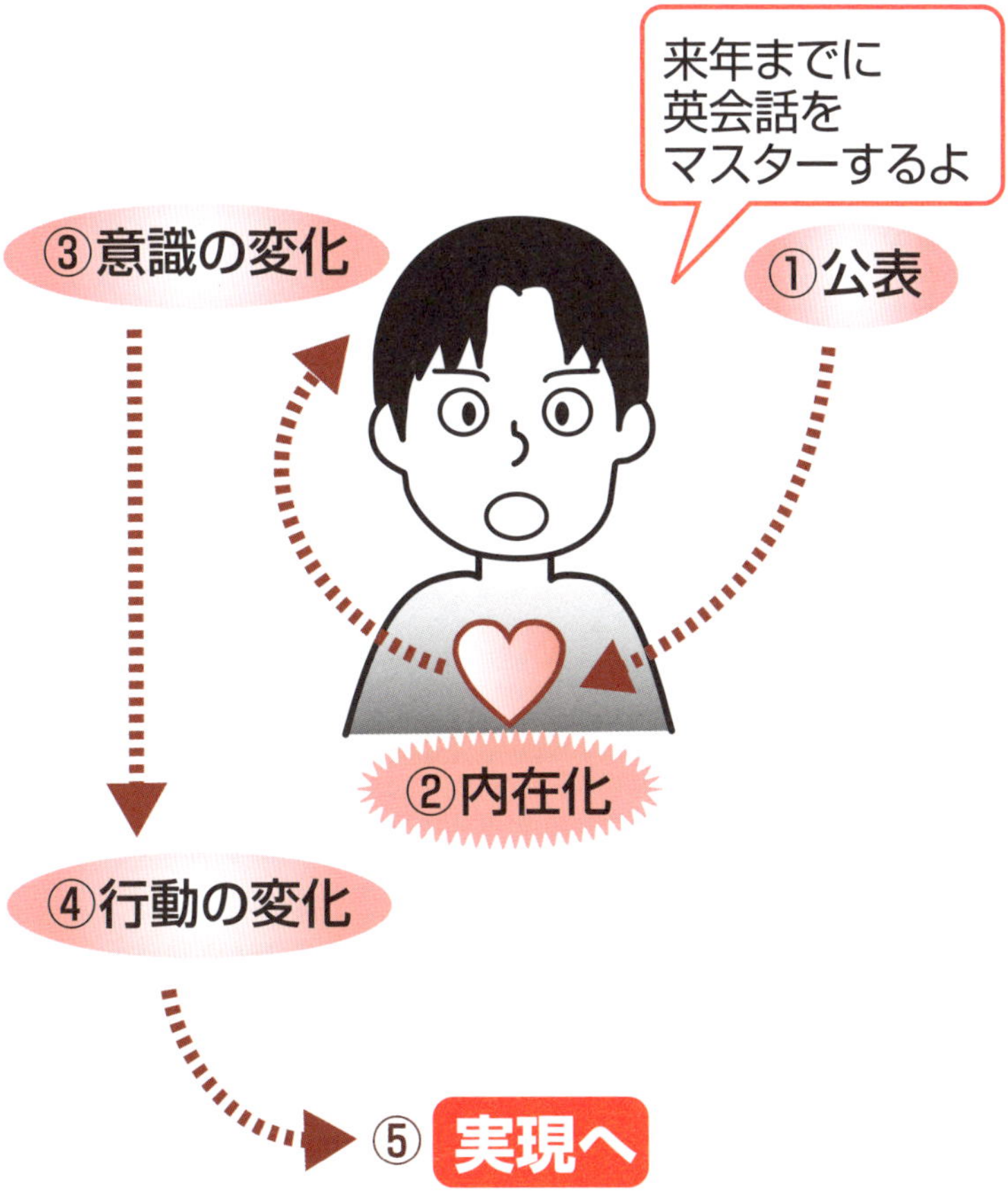
来年までに
英会話を
マスターするよ
①公表
②内在化
③意識の変化
④行動の変化
⑤ 実現へ

公表効果は一度きりではなく何度も同じ発言をくり返したほうが効果が高まる

暗示の技術

47 あれこれ考えず謝れ

臭いものにフタをするな

あなたは仕事上で何かのミスをしたとき、上司に報告するのをためらって、いつまでもグズグズ先延ばしにした経験はないだろうか。

しかし、こうやって先延ばしにして得をすることなどひとつもない。むしろ損をしていくのだ。

バックネル大学のJ・T・プタセック博士の研究によると、**悪いニュースを相手に伝えるとき、ああでもないこうでもないと伝えるための準備をするほど、ストレスが高まっていく**ことが確認されている。

考えてみれば、これは当然の話だ。

先延ばしにしているかぎり、「悪い報告を隠している」という罪悪感と恐怖が重なり、ストレスはどんどん大きくなっていく。臭いものにフタをして見えなくしたところで、いつかは処分しなければならないのである。

だから、悪い報告であればあるほど、さっさとすませてしまったほうがいい。

それが本当に悪い報告なら、いつ報告したところで怒られることに代わりはないのだ。だったら少しでも早く報告してしまって、スッキリしたほうがよほどいい。ストレスの要因は早めに捨ててしまうことだ。

また、これは仕事の依頼など、相手からの申し出を断るときにも同じことがいえる。

なんとなく断りづらいからといって「来週まで考えさせてください」などと逃げていたら、来週までずっとストレスが続くのだ。

断るべきものはその場で断る。

そうすれば、その瞬間は心苦しいかもしれないが、その後はずっとラクなままいられるようになる。

謝るときも断るときも、口にしづらい話ほど、短期決戦で片づけるべきなのだ。

悪いことほど早めに片づけろ

イヤだなあ
悩み、迷い、先延ばし
すみません
でした
スピード謝罪

嫌な報告を先延ばしにしてもストレスがたまるだけ

48 暗い部屋でじっとする

ストレス要因を遮断せよ

仕事やプライベートでトラブルが続いて、疲れとストレスでどうにもならなくなる。イライラがつのって、無性に暴れたくなる。もはや、生きていることさえつらくなってくる。

こんなギリギリの状態に追い込まれたとき、何か解決策はあるのだろうか。うまくストレスを解消してくれる方法はあるのだろうか。

じつは、簡単な方法がある。夜、家に帰ったら部屋の照明をオフにして真っ暗な部屋でじっとするのだ。座っていてもいいし、ベッドやソファに寝転んでもいい。

実験データを紹介しよう。

カナダのバンクーバーにあるブリティッシュ・コロンビア大学のピーター・スードフェルド教授は、次のような実験をおこなった。

医師に高血圧と診断された患者たちを、真っ暗な部屋でくつろがせてみたのである。すると驚いたことに、彼らの血圧はみるみる低下していった。ストレスが大幅に軽減されたのである。

スードフェルド教授によると、われわれは普段、あまりにたくさんの刺激にさらされ、神経が過敏な状態に置かれている。

そこで**真っ暗で静かな部屋に入って、刺激そのものを遮断してやることで、高ぶっていた神経が和らぎ、ストレスがなくなる**ということなのだ。

これならお金もかからないし、どこかに出かける必要もない。今日これからでも簡単に実践できるストレス解消法だ。

自分では気づいていないだけで、あなたにもたくさんのストレスがたまっているかもしれない。ぜひ一度だまされたと思って試してほしい。

真っ暗な部屋でじっとする

真っ暗な部屋でじっとすることで視覚や聴覚などのさまざまな刺激を遮断するとリラックスできる

ワンポイント心理学

「ほんの少しだけ」頼む

説得学の代表的なテクニックのひとつに、「イーブン・ア・ペニー・テクニック」というものがある。直訳すると「ほんの1ペニーでもいいから」（1ペニーは英国の通貨で100分の1ポンド）という意味である。

たとえば、駅前でボランティアの人から「○○募金へのご協力お願いします」と声をかけられても、あなたは比較的ラクに断ることができるだろう。

しかし、その人が「10円だけ、1円でも結構ですので、募金をお願いします！」と言ってきたら、なんとなく断りにくくなる。

しかもここでおもしろいのは、実際に募金するのが10円ではなく、100円単位の金額になってしまうことだ。「どうせ乗りかかった船だ」ということで、自発的に金額を吊り上げるのである。

そこで、人に頼み事をするときには、まず「○○だけでもいいから」という形で協力を仰ごう。

思いっきりハードルを下げることで、相手の自発的行動を促すのだ。

しかもこうして取りつけた協力は、あくまで相手の自発的な行動であるため、恨まれる心配もない。

逆に相手は自尊心をくすぐられて得意気になるくらいなのだ。

暗示の技術

第7章

暗示の高等テクニック

さて、いよいよ暗示の高等テクニックを紹介していこう。
暗示であることを微塵も感じさせることなく、
しかも大胆に相手の心を動かしていくテクニックだ。
くれぐれも悪用厳禁であることは、先にお断りしておこう。

49 第三者を使って相手を動かせ

間接暗示話法のメリットとは

仮に、あなたが山田君という部下を叱りたいとする。しかし、山田君は気が弱いため、面と向かって叱り飛ばしたらその日1日仕事ができなくなるかもしれない。

そんなとき、どうすればいいだろうか。

簡単である。まったく無関係の鈴木君を叱り飛ばせばいいのだ。

これは心理学で「間接暗示話法」と呼ばれる手法で、第三者を経由して相手の心を動かす、という高等テクニックである。

たとえば、映画やテレビの撮影現場では、監督がADさんをつかまえて大声で怒鳴り散らす光景がよく見られる。これはAD本人を叱っているのではなく、その場にいる全員、特にそのシーンに登場している役者さんたちを叱っているのだ。

ちなみにV9時代の巨人軍では、長嶋茂雄さんが叱られ役だったそうだ。川上哲治監督はあえてスターの長嶋さんを叱り飛ばすことで、若手選手に活を入れていた。そして長嶋さんは叱られれば叱られるほど、発奮するタイプだったという。理想的な関係だ。

このように**間接暗示話法は、直接注意しづらい相手に使うことが多い**のだが、それ以外のメリットもある。

もしあなたが嫌いな上司から説教を食らったら、多かれ少なかれ反発するだろう。相手がどんなに正論を述べていても、腹が立つはずだ。

しかし、間接暗示話法によって第三者経由で伝えられると、自分に直接向かってこないぶん、意外なほど反発心が芽生えず素直に受け入れることができるのだ。

もちろん、その影には撮影現場のADのように、さしたる理由もなく叱られている人がいるわけだが、その部分に目をつぶればかなり効果的なテクニックである。

第3者経由で標的をねらえ

オレもちゃんと
しなきゃ
最近
たるんでるぞ
本当は
Aさんに
向けた言葉
Aさん
すみません
Bさん

第3者経由の言葉は反発心が生まれにくいメリットもある

50 「松竹梅」の法則を使え

選んだつもりが誘導されている?

仮にあなたが保険の営業マンだったとしよう。

そして今月はキャンペーン月間で「スーパーがん保険」という商品をたくさん売りたいとする。しかし、あなたがお客さんにひたすら「スーパーがん保険」をプッシュしても、ほとんど相手にされないはずだ。

この場合、余計なセールスはせず、ただその上にある「スーパーがん保険MAX」と、その下にある「がん保険」の3つを提示して、お客に選ばせればいいのだ。

たったこれだけで「スーパーがん保険」ばかりが売れるようになっていく。

ノースウエスタン大学の心理学者、アレクサンダー・シェルネフは、360名の大学生を対象に次のような実験をおこなった。

コードレス電話やワインなど、さまざまな商品(機能や価格帯も多様)を提示して、それぞれどの商品を購入したいか選ばせた。その結果、57・1~60・4%の学生が、機能や価格が「真ん中」あたりの商品を選んだ。

シェルネフはこれを「極端性回避」という名前で呼んでいる。**人はモノを選ぶとき、極端なものを回避して、真ん中を選ぶ傾向があるのだ。**

焼肉屋さんで「特上カルビ」と「上カルビ」と「カルビ」があれば、なぜか「上カルビ」を選ぶ。お鮨屋さんに松竹梅のコースがあれば、ひとまず「竹」を頼む。これらはまさに、極端性回避の典型的な例である。

極端性回避の恐ろしさは「表面上は相手に選ばせながらも、結局自分の売りたい商品を売ってしまう」というところである。

きっとあなたも、これまでの買い物のなかで「選んだつもりが誘導されていた」という商品が山のようにあるはずだ。

あなたならどれを選ぶ？

スーパー
がん
保険
MAX
月々1万円
スーパー
がん
保険
月々5000円
がん
保険
月々2500円

※お友達にも試してみましょう

選んだつもりが、じつは完全に誘導されている

51 相手の記憶を捏造してしまえ

3回くり返して捏造する

人の記憶が当てにならないことは、みなさんもよくご存じだろう。もっとも、それはせいぜい物忘れレベルの話として認識しているはずだ。

しかし、**人の記憶は物忘れするどころではなく、他者によって簡単に操作される。**いや、あなただって誰かの記憶を「捏造《ねつぞう》」していくことができるのである。

ケント州立大学のマリア・ザラゴザは、記憶の捏造について興味深い実験をおこなっている。

まず、255名の大学生に5分間の強盗場面のビデオを見せる。

そして上映終了後にビデオの内容について質問していくのだが、このときビデオ中にはまったくなかった情報を、彼らの記憶に埋め込んでいくのだ。

たとえば、犯人は素手だったのに「あの手袋をはめた犯人ですが…」と質問したり、犬などいなかったのに「吠えている犬がいたと思いますが…」と聞いてみたり、という感じである。

そしてザラゴザの実験によると、暗示を1回だけかけた場合と、「犬」なら「犬」の暗示を3回かけた場合では、1週間後の記憶の歪みは6倍以上もの差になっていたという。

そしてこの記憶の捏造は、通常のビジネスシーンでも大いに使えるのだ。

たとえば相手に対して「確か本日ご契約いただけるというお話でしたが…」「Aプランでのお申し込みということでしたが…」など、勝手な前提を捏造しつつ、話を進めてみよう。

相手は「あれ？　そんな話したっけ？」と思いながらも、契約まで話を進めてしまうのである。これらはかなり悪魔的なテクニックだ。

人の記憶は簡単に操作できる

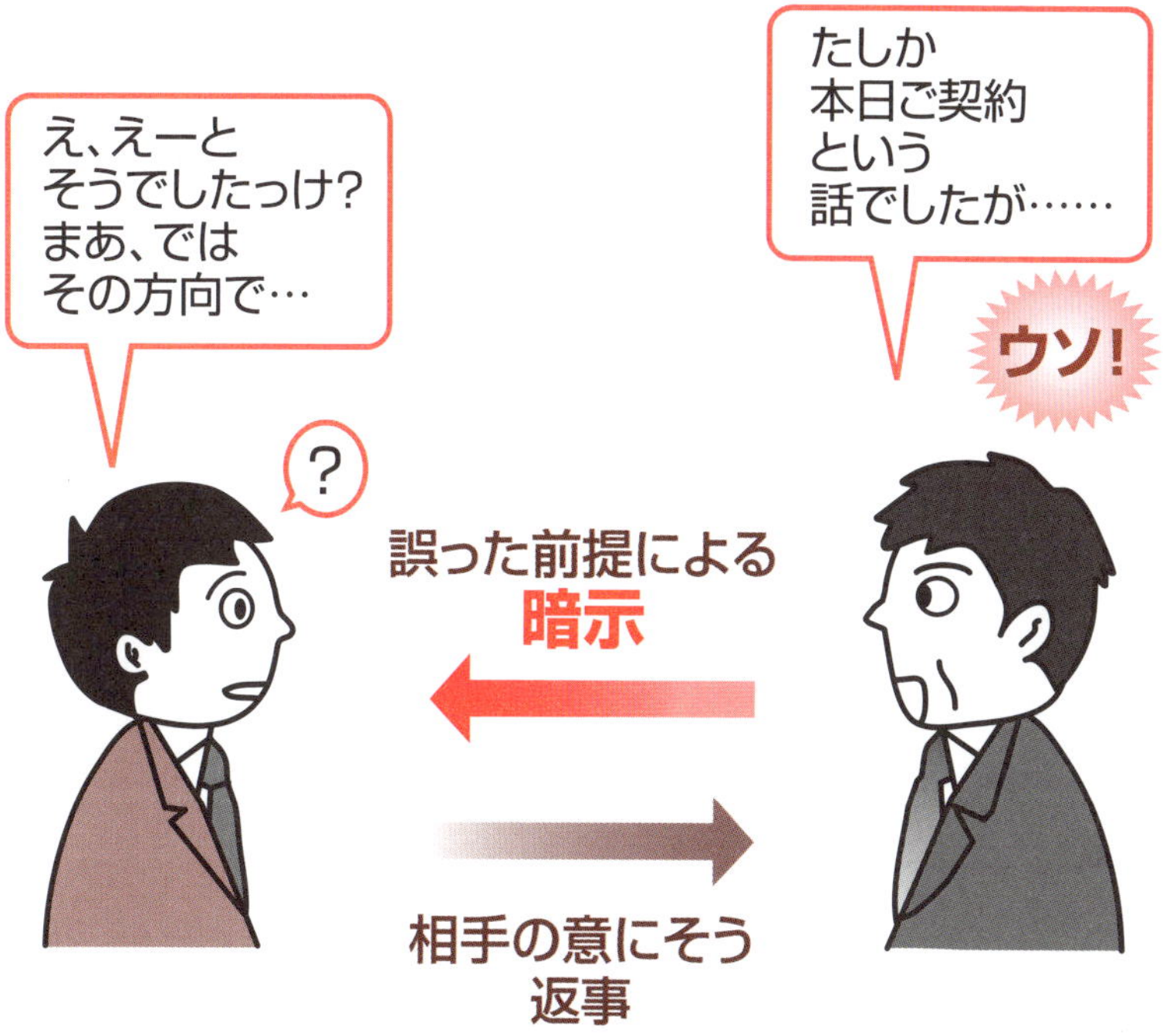
え、えーと
そうでしたっけ?
まあ、では
その方向で…
?
たしか
本日ご契約
という
話でしたが……
ウソ!
誤った前提による
暗示
相手の意にそう
返事

われわれの記憶は忘れっぽいだけでなく捏造にも弱いことを覚えておこう

52 別れ際に暗示をかけろ

会話をコース料理で考える

コース料理が前菜からスープ、魚、肉、デザートと流れていくように、会話の中にも守るべき順番というものがある。ひとつデータを紹介しておこう。

テキサス大学の心理学者、リチャード・アーチャーは66名の大学生を対象に、次の実験をおこなった。

学生同士で10分間の会話をさせるのだが、このとき1人の学生がサクラで、「じつは僕の彼女が妊娠したんだ」というプライベートな話題を持ち出す。

そして、この話題を会話の最初に持ち出した場合、相手からの好意度は15・38点だった（35点満点）。一方、会話の最後に持ち出したときの好意度は、17・97点と上がったのだ。

これは当然の結果だろう。いきなり個人的な話題を持ち出されても、どう対処すればいいのかわからない。やはりメインディッシュは後半なのだ。

さて、ここで2つのテクニックを紹介しよう。

まずひとつは「話が盛り上がってきたところで帰る」というテクニックだ。こうすると相手は「もの足りなさ」を感じる。**もっと話したい、また会いたいと思うようになる。**メインディッシュを取り上げられるような感覚だ。

もうひとつは、別れ際に暗示をかけることだ。

別れ際になって「そういえばオレ、まだ話してないことがあるんだよね」と語る。

当然、相手は「えっ、何？」と興味をもつだろう。そこですかさず、「今度メールでゆっくり話すよ」とか「明日電話するから、そのときにでも話そう」といってさっさと別れるのだ。こちらは食後のデザートである。

こうすれば**相手の関心を引きつけたまま、次へとつなげることができる**だろう。この別れ際の暗示は、かなりの効果があるので試してほしい。

別れ際に力を注げ

テクニック①
じゃあ
話が盛り上がったところで
別れる
もの足りない!
また会いたい!
テクニック②
じつは
まだ話してない
ことがあるんだ
なに?
別れ際に暗示
別れる
明日
Telするよ
なに、
なに?

別れ際に暗示をかければ必ず「次」につながる

53 コソコソ話をうまく聞かせろ

うわさ話はなぜおもしろい？

人はうわさ話が好きである。ゴシップ、井戸端会議、都市伝説、怪文書、ネット掲示板など、さまざまなところにうわさ話が転がっている。人がここまでうわさ話を求める理由は、どこにあるのだろうか？

カルガリー大学の心理学者、デビッド・ジョーンズは次のような実験をおこなった。

まず「電話帳を引いて名前を調べる実験です」という名目で被験者を集め、待合室に待機させる。

このとき、待合室には2名のサクラの女性がいて、他の人にも聞こえる程度の声で次のようにしゃべっている。

A「この実験、おもしろいらしいよ」

B「この実験、退屈らしいよ」

被験者たちはこのいずれかを聞いてから、実験に参加するのである。

そして実験が終了した後、実験への評価を尋ねたところ、Aの「おもしろいらしいよ」というコソコソ話を聞いていた人たちは一様に「おもしろかった」と答え、Bの「退屈らしいよ」というコソコソ話を聞いていた人たちは「つまらなかった」と答えたのである。

この**「人は偶然耳にしたうわさ話のほうに信憑性を感じる」**という働きのことを、心理学では「漏れ聞き効果」という。

ここまでわかってくると、活用法はいくらでも思いつくだろう。

自分の「いいうわさ」を流すのでもいいし、あるいは上司にかろうじて聞こえるくらいの声で「ここだけの話、今回の企画、サンプル調査での評判がすっごくいいんだ」などと、自分の話をあえて漏れ聞かせるのもいい。正面から主張するよりも、こうしてうわさ話に乗せたほうがリアリティをもって広がっていくのである。

自分のいいうわさを流せ

うん、うん
オレも聞いた
そういえば
あの人……
……らしいな

人は偶然耳にしたうわさ話のほうに信憑性を感じる(漏れ聞き効果)

54 金と時間を使わせろ

居酒屋での合コンは厳禁

あなたは、人がギャンブルにはまってしまう理由を考えたことがあるだろうか。

まず、基本的にギャンブルは負けるようにできている。そして負けが込んで、お金を注ぎ込めば注ぎ込むほど、「取り返すまではやめられない」となって、深みにはまってしまい、キッパリと見切りをつけられなくなる。そして、財布が空っぽになるまで続けてしまうのだ。

これは「サンクコスト効果」と呼ばれるもので、われわれはそこに労力を注ぎ込めば注ぎ込むほど、撤退しにくくなるのである。

ニュージャージー大学のエリン・ブレチャーは、企業のマーケティング部に所属する人を対象に、こんな実験をおこなった。

まず、彼らには2万ドルの元手があるとする。そして、架空の商品について「広告費にどの程度までの金額を注ぎ込むか」を質問していくのだ。

ちなみに、この実験ではいくら広告費を注ぎ込んでも、さしたる広告効果は出ないようになっている。

そうすると、広告費を注ぎ込めば注ぎ込むほど、「じゃあ、もう1回○○ドルの広告を」といった具合で抜け出せなくなるのだ。

そこで、たとえば合コンを「ちょっと高め」のお店で開くようにする。こうすると参加者たちの本気度が格段にアップする。1万円なら1万円の「投資」を、本気で「回収」しようとするからだ。

その意味で合コンを安い居酒屋ですませるのは得策とはいえない。これは合コンに限らず、人と面会するときはちょっと高めのお店を選ぼう。ビジネスランチでも、**高いお店だったら互いが本気で「回収」を考え、有意義な時間を過ごそうとするはずだ。**

サンクコスト効果のパターン

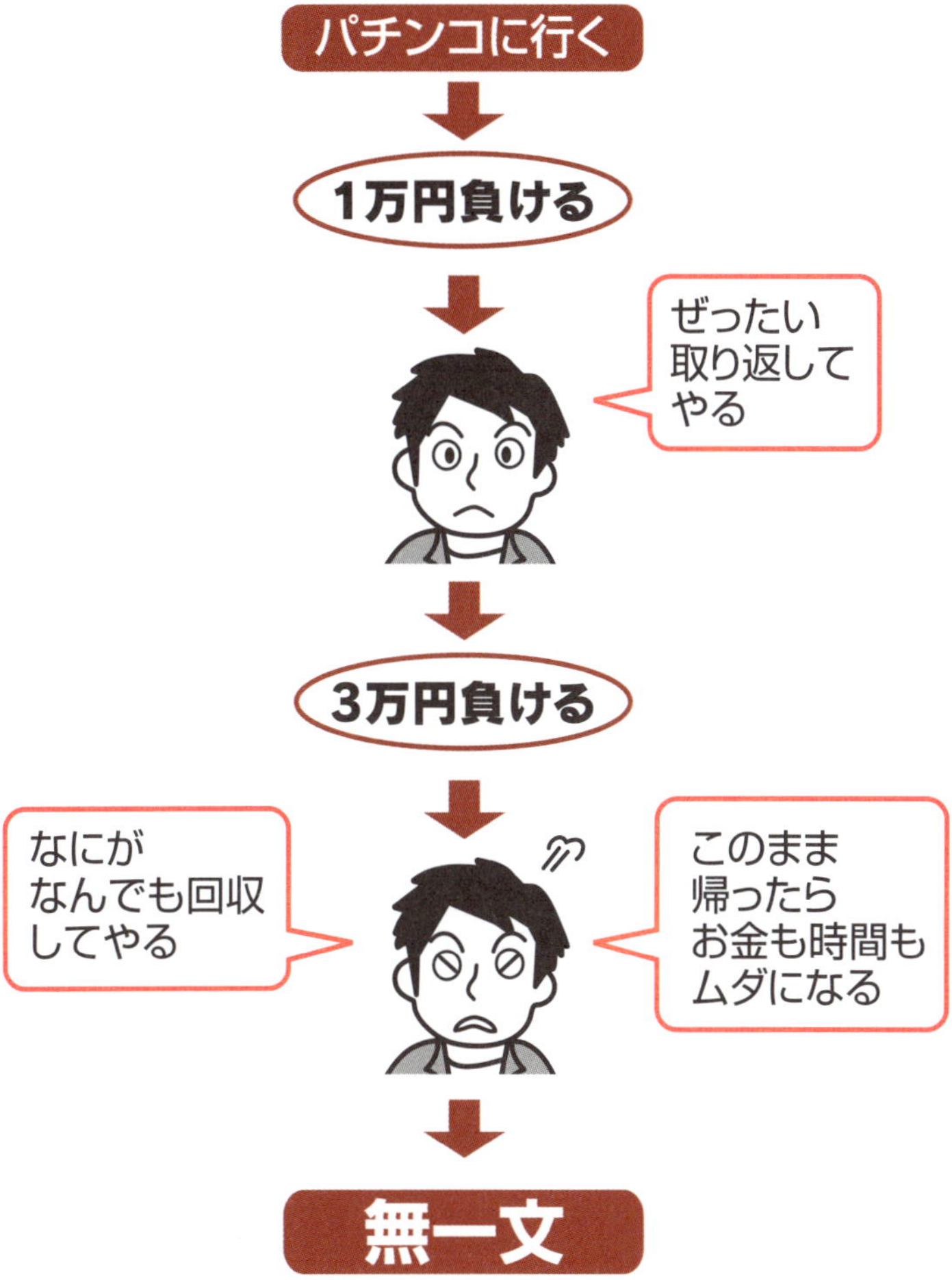
パチンコに行く
1万円負ける
ぜったい取り返してやる
3万円負ける
なにがなんでも回収してやる
このまま帰ったらお金も時間もムダになる
無一文

人はお金や時間、労力を注ぎ込むほど、そこから撤退しにくくなる

55 世の常識をでっち上げろ

前提暗示という裏技

今後日本の自動車産業が衰退の一途をたどっていくことは、もはや議論の余地がないところである。

その背景に中国の存在があるのはいうまでもない。

……という一文を読んで、あなたはどう思っただろうか。なんとなく納得してしまったという人も多いのではないだろうか。

じつはこれ、「前提暗示」という暗示テクニックのひとつなのだ。

「周知の事実であるが、〇〇〇」「いうまでもなく、〇〇〇」「みなさんご存じのように、〇〇〇」「〇〇〇であることは、もはや議論の余地がない」といった言葉を使うと、説得力が格段に増すのだ。

なぜなら、これらの言葉を使えば「社会的に認められていること」に聞こえるからだ。そして**われわれは「社会的に認められていること＝常識」から外れることを、ひどく恐れてしまう**のである。

ギリシアのマケドニア大学の心理学者、アントニス・ガーディコティスは次のような実験をおこなった。

まず、大学生をABの2グループに分け、架空の説得文を読ませた。なお、それぞれの文頭には次の一文が入れてある（残りは同じ文章）。

A「大多数の人が支持しているように」

B「半数の人が支持しているように」

そして読後の感想を聞いてみたところ、Aのほうが説得力が高いことがわかった。

もちろん、普段の会話の中では、前提などいくらでもでっちあげていい。上記以外でも「当然だけど」「まさか知らないヤツはいないだろうけど」など、前提暗示をうまく使うと、あなたの話の説得力は大幅にアップするだろう。

会話に「前提暗示」を盛り込め

いうまでもなく
サッカーW杯は
世界一大きな
大会です
サッカーW杯って
たぶん世界一
大きな大会
じゃないかな
説得力 大
説得力 小

前提暗示が入ると話が一気に多数意見や常識になる

ワンポイント心理学

嫌な酒はこうして断る

ビジネスマンにとって、「いかにして酒の誘いを断るか」は、案外大きなテーマではないだろうか。

愚痴を聞かされるだけのお酒、自慢話を聞かされるだけのお酒、いつの間にか説教が始まってしまうお酒など、上司や先輩と飲むお酒は、つまらないものが多い。

しかも限られたお小遣いのなかでそれらに付き合うのは、死活問題でさえある。

そこでうまく断るコツだが、次のような2段構えが得策だろう。

「ぜひ行きましょう！　ただ、今日は1時間しか時間がとれないのですが、それでもよろしいでしょうか？」

「もちろん喜んで参加します。ただ今日は8時から別件の約束が入っているので、それまででよろしいですか？」

こうすると相手は「じゃあ、また今度」と素直に引き下がってくれるだろう。

さすがに1時間ではもの足りないと思うだろうし、彼らとしては「自分と飲むのを喜んでくれている」ということがわかれば、ある意味それだけで満足なのである。

そして「また今度」となったら、次のようなフォローも忘れないことだ。

「いやあ、残念です！　でも次回はぜひお願いします！」

暗示の技術

第8章

場の力で暗示をかけろ

ついに本書の最終章だ。
ここでは言葉による暗示ではなく、
シチュエーションや小道具による暗示テクニックを紹介していく。
特に会話に自信のない人は、
本章のテクニックを上手に使いながら他者を操ってほしい。

56 ランチを食べつつ商談しろ

腹を満たせば心も満ちる

昔から「金持ち喧嘩せず」という言葉があるが、もしかするとこれは食事のせいかもしれない。

ハーバード大学のナーグラー博士は「空腹を満たせば、喧嘩の半分は回避できる。喧嘩すべき相手は、じつは血糖値なのだ」と語っている。

筆者もこれには同意見だ。特に、怒りっぽい人と話し合いをするときは、絶対に何かを食べさせたほうがいい。**食事をすることによって、相手は心理的に打ち解けたムードになってくれる**のだ。

説得学には「ランチョン・テクニック」という言葉があり、ビジネスの相手と一緒にランチをとり、そこで商談するなり情報交換することが推奨されている。

実際、ビジネスランチの席で大きな商談がまとまるのは、欧米ではよくあることだ。互いにリラックスしているため、話がスムーズに進むのである。

もし、一緒にランチをとることが難しいような状況であれば、最低でも自分だけは軽い食事をとっておこう。空腹になると気分がイライラしてくるし、集中力が散漫になってソワソワしてしまう。

これが商談などの席で、どれほど悪印象を与えるかは説明するまでもないはずだ。

また、これは筆者の個人的経験則になるが、筆者の見るかぎり、朝食をとる習慣のない人は、どこかせっかちでイライラしている。

そしてほがらかでのんびりした印象を与えてくれる人は、決まって朝食派だ。

食事をとって、お腹を満たしておけば、それだけで心に余裕が出てくるものだ。

急いでいるならコンビニのおにぎりやサンドウィッチでもいいので、朝食の習慣をつけよう。

ランチで心の距離を縮めよう

空腹になるとイライラするし集中力が散漫になる。ランチョン・テクニックを使おう

57 自然な笑顔はこうしてつくれ

いい笑顔は感染する

以前、テレビで某小売チェーン店の新入社員研修の様子を見たことがある。

そこで最も力を入れて練習させられていたのは、「笑顔」だった。販売員としてお店に立つ以上、笑顔の訓練は欠かせないのだ。

しかし、その新入社員たちが、なかなか笑顔をつくれない。やたらぎこちない笑顔で、表情は固まったまま、目が笑っていない。

そこで、簡単で自然な笑顔のつくり方を紹介しておこう。もったいぶることもない、ただ言葉の最後に無言の「イ」をつけて話すようにすればいいのだ。

こんな感じである。

「いらっしゃいませ（イ）」
「おはようございます（イ）」
「ありがとうございました（イ）」
「お疲れさまです（イ）」
「そのネクタイ、素敵ですね（イ）」

言葉の最後を「イ」の口元でしめるようにすると、白い歯がのぞく美しい笑顔ができあがる。これを習慣化すると、どんな人にでも自然な笑顔がつくれるようになる。何も難しいことなどないし、ぜひ今日から試していただきたい。

一応、笑顔のもたらす効果について心理学的な話を入れておこう。

笑顔は周囲に「感染」する。

これは「ムード感染効果」と呼ばれるもので、笑顔の人がいれば、その周囲の人も少しずつ笑顔になっていく。

そのため、いい笑顔の人の周りには、いつもたくさんの人が集まってくる。みんな笑顔を分けてもらいたいのだ。

自然な笑顔で人を惹きつけよう

笑顔は人に「感染」する

=

ムード感染効果

↓

**笑顔の人の周りには
たくさんの人が集まる**

自然な笑顔をつくるには、言葉の最後に無言の「イ」をつける

暗示の技術

58

借金してでも高級時計を買え

腕時計の隠れた威力とは？

最近は携帯電話が普及したことで、腕時計にこだわらない若者が増えている。時間は携帯電話でわかるから、腕時計をつける意味がない、というわけだ。

しかし、ここは声を大にしていいいたい。

腕時計はつけたほうがいい。しかも、ボーナスすべてを注ぎ込んでも高級ブランド時計を買うべきだ。

というのも、心理学には「拡張自我」という言葉がある。自我とは、要するに自分自身のこと。

そして人は「自分の持ち物までが〝自分〟」なのだと考えるのだ。

ブランド物の腕時計をはめていれば、その腕時計まで含めて〝自分〟なのだし、ベンツに乗っていれば、ベンツまで含めて〝自分〟となる。

人間は、こうやって自我を拡張しながら自己認識していくものなのだ。

もちろん、安っぽい腕時計をはめていれば、それを含めて〝自分〟になってしまう。

ブランド物というと、「他者にアピールするための小道具」と考えている人がいるが、拡張自我という観点からいえば他者に見せる必要はない。

あくまでも**「自分はこれだけの腕時計をつけているんだ」という自分の気持ちが大切**なのだ。だから、高級下着のように「他者から見えないもの」でもかまわないし、もちろんスーツやネクタイでもいい。

他にもブランド物の財布、クレジット会社のゴールドカードやプラチナカード、アクセサリー類、基本的にはなんでもいいわけである。

ただ、洋服は消耗品なのでせっかく高いものを買うのなら、若いうちには腕時計がベストではないかと筆者は考える。

ブランド品は拡張自我のため!

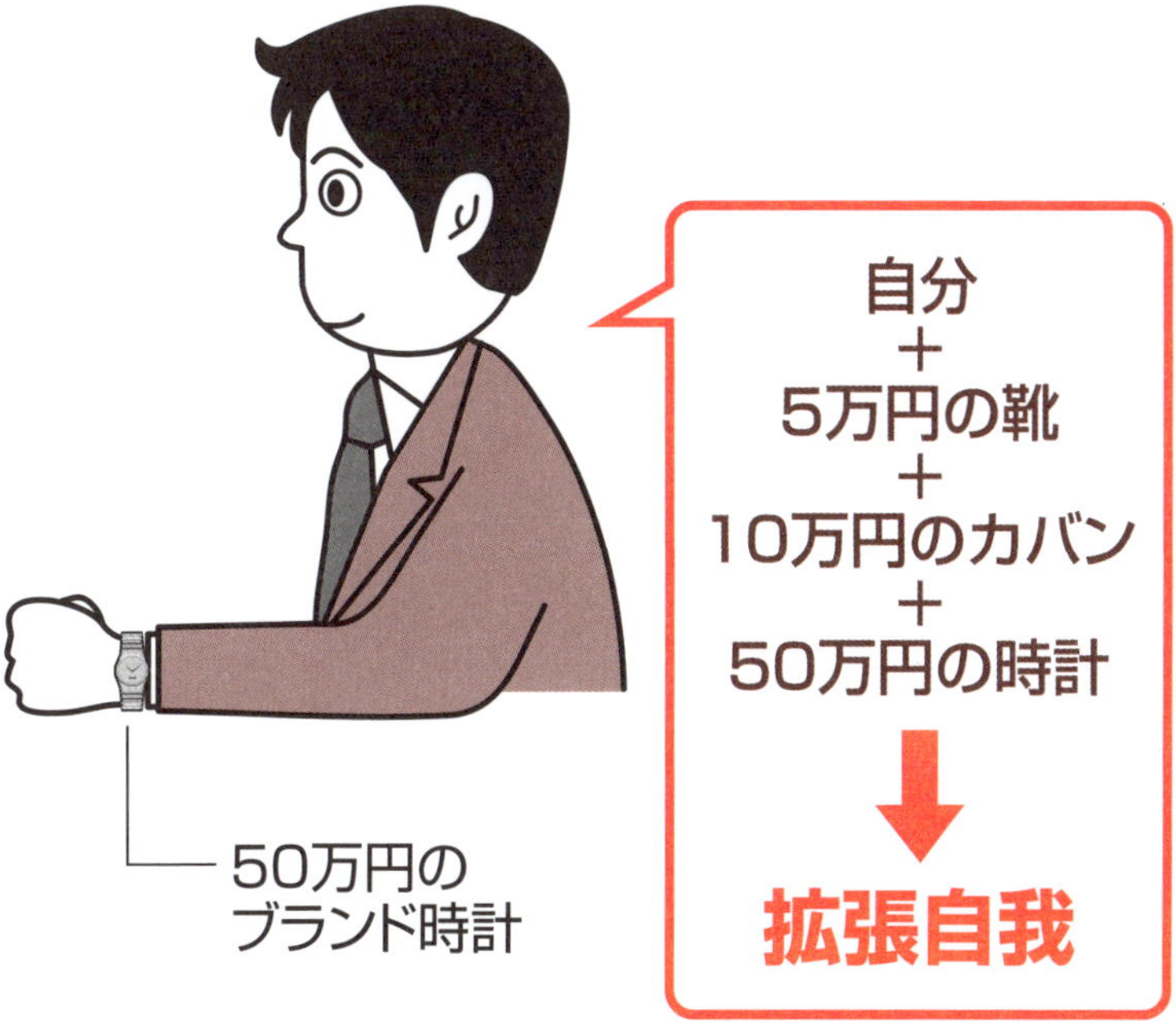
自分
＋
5万円の靴
＋
10万円のカバン
＋
50万円の時計
拡張自我
50万円の
ブランド時計

人は「自分の持ち物まで含めて“自分”」と考える。これを拡張自我という

59 混雑した場所で面会するな

人混みはストレスの元凶

人と面会するときには、なるべく人混みを避けたほうがいい。狭いお店、混雑したお店、天井の低いお店などは、できるだけ避けよう。

カリフォルニア大学の心理学者、グレーリー・エバンスは人混みが与える心理的なストレスについて、次のような実験をおこなっている。

まず、被験者の大学生たちを2つのグループに分け、混雑した部屋とゆったりした部屋で、それぞれ同じ作業をさせる。

そして学生たちの血圧と脈拍を測定し、主観的なストレスについて質問したところ、人の少ないゆったりした部屋にいた学生のほうが血圧も低く、脈拍も高くなく、主観的なストレスの度合いも低いことがわかった。

つまり、**人は人混みの中にいると、それだけで多大なストレスを感じてしまう**のである。

最近は日本でもオープンテラスのカフェが増えてきたが、天気さえよければオープンテラスは「使える」場所である。視界も広いし、天井もないのだから、かなりリラックスして接することができるはずだ。

さらに裏技的なテクニックを紹介すると、パーティー会場ではいち早くテラスに出るべきである。

パーティーの規模や種類にもよるが、おおむねパーティー会場は混雑していて、息苦しい空間だ。とてもリラックスしてゆっくり話すような雰囲気ではない。

そこで、会場を抜け出してテラスに出てしまう。そうすれば天井もなく、視界も一気に開け、かなりの開放感を感じるはずだ。そして、もしも気になる女性がいたら、テラスに誘い出して2人だけでゆっくりお喋りするのである。相手の女性も開放感を感じているはずだし、きっと会話も弾むことだろう。

人混みは体にも悪い

- 血圧……上昇
- 脈拍………高
- ストレス…増

混雑した空間

人混みの中にいると血圧が上がり脈拍も高くなり、主観的なストレスが増加する

60 窓を背にして席を取れ

自分に「後光」を与えろ

まず最初にブランダイス大学の心理学者、レスリー・マッカーサーの実験を紹介しよう。

マッカーサーは、被験者にグループを組ませ、ディスカッションをさせる実験をおこなった。

そしてディスカッション終了後、「グループのなかで誰が最もリーダー的だったか?」と質問していった。すると、最もリーダー的と評価されたのは、照明が一番よく当たる席に座る人だった。

もちろん、照明がよく当たるからといって、その人の発言内容が変わるわけではない。それでも周囲から「リーダー的だ」と思われるのは、人の印象が〝映像〟によって決まるからである。

光がよく当たって、それだけ見栄えがよくなり、印象的な〝映像〟が記憶に残ったということである。

このような光による効果を「後光効果」という。後光とは、宗教画でお釈迦様やキリストなどの背後にさしている、あの光のことだ。

特に後光効果は、背後からさしてくる光が効果的だとされている。背後から光がさしていると、その人が大きく感じられる。そしてなにより、眩しくて目がくらんでしまうのだ。

部屋の構造上、光を背負うことが難しければ、とりあえず照明の真下に行くことだ。

たとえばレストランやパーティー会場でも、そのフロアで最も明るいスポットを探し、いち早くそこに陣取る。こうするだけでも、かなりの後光効果が期待できるはずだ。

会議から商談、そして仲間内での飲み会から合コンまで、椅子のあるところではすべて、後光効果をかけた椅子取りゲームが展開されているのである。

後光効果で相手を威圧する

ベストポジション＝**背後からの太陽光**

夜の室内では照明の真下へ

後光効果は背後からの強い光があるとき、最も効果を発揮する

61 部下を何人も連れ歩け

ビジネスも「数は力」だ

初めての商談や面談に臨むときには、できるだけ見栄えのいい部下を何人も引き連れるといい。

これもひとつの「環境の演出」である。

まず、見栄えのいい部下を何人も従えていると、それだけで「仕事ができる」とか「リーダーシップがある」といった高評価を引き出すことができる。

そしてなにより、**われわれが相手のことを評価するときには「数は力」の法則が働く**のである。

イスラエルにあるヘブライ大学の心理学者、ヤコブ・スクルは、52名の大学生を対象に次のような模擬面接の実験をおこなった。

被験者には、人事担当者になったつもりでコピーライターとして応募してきた人を評価させる。

このとき、自分の優秀さを示す推薦状が1通の応募者と、推薦状が2通ある応募者について評価させた。

すると、コピーライターとしての「適正」はもちろん、「正直さ」や「チーム精神」という項目においても、推薦状を2通持った応募者のほうが高く評価された。

要するに、彼らは推薦状の中身などに関係なく、ただ推薦状の「数」によって評価を下していた、ということである。人間の評価など、その程度のものなのだ。

だから、外部の人と会うときにはアシスタントを1人つけるだけではなく、できるだけ2人、3人とたくさん引き連れるようにしよう。

まったく仕事のできない、右も左もわからない新人だってかまわない。とにかく数で勝負するのである。

そして商談中は、アシスタントを後ろに立たせておけばいい。そうすれば相手はなんとなく「見下ろされている」という威圧感を覚え、あなたをとんでもない大物のように錯覚するはずだ。

実力不足は「数」で補おう

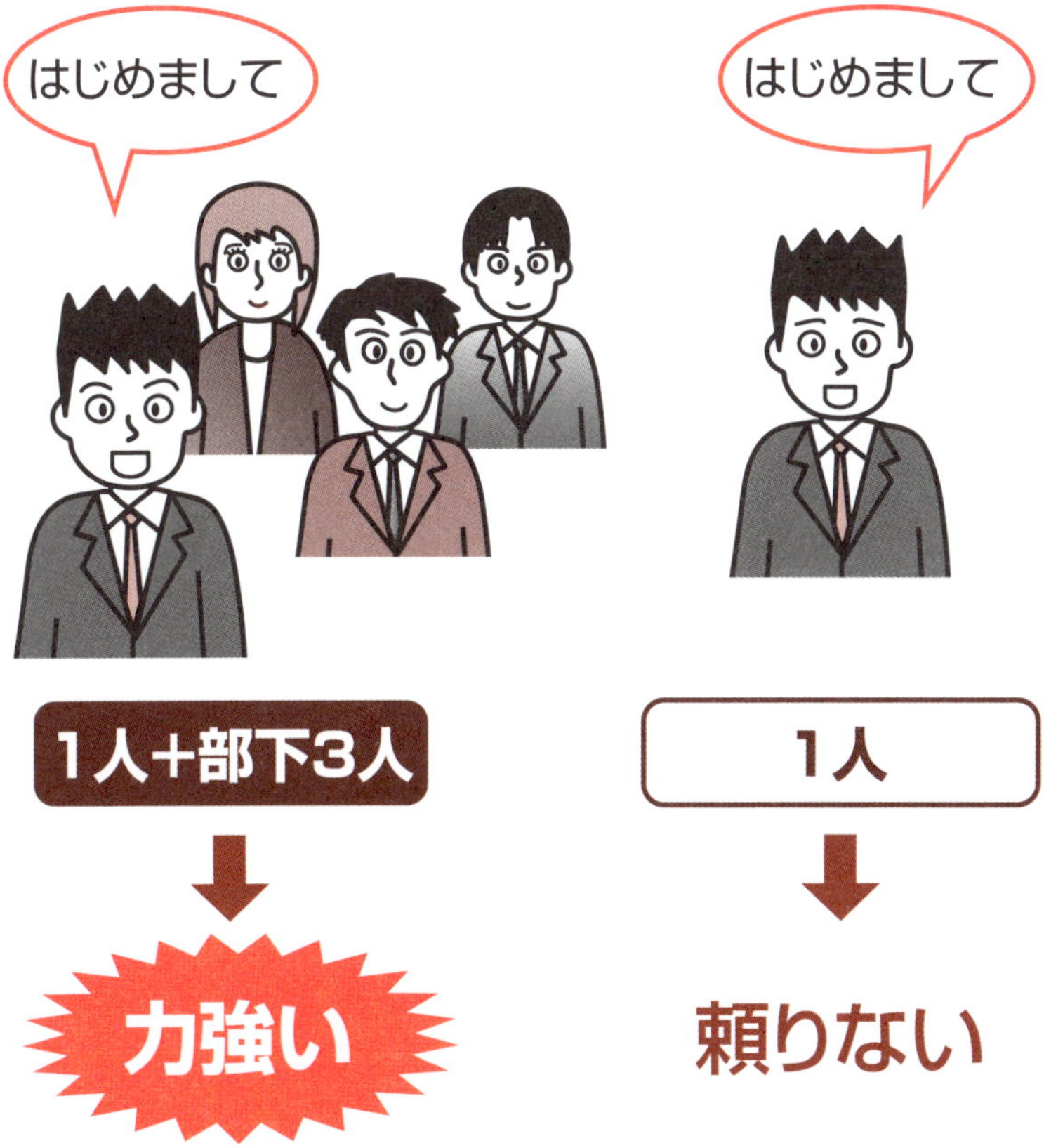
はじめまして
はじめまして
1人+部下3人
1人
力強い
頼りない

ビジネスも「数は力」の論理で動いている。大きな相手（取引先）には多人数で挑もう

62 理想の対人距離は120センチ

まずは1～2メートルから

心理学には「ボサードの法則」という法則がある。

これは**相手との物理的距離が近くなるほど、その人のことを好ましく思う**、という法則だ。

逆に、相手との物理的距離が遠くなるほど、その人との心理的距離まで遠くなり、いい関係を結ぶのは難しくなってしまう。

それでは、具体的にどれくらいの距離で寄り添っておけばいいのだろうか。

参考となるデータを紹介しよう。ニュージャージー州にあるストックトン・ステート・カレッジの心理学者、ナンシー・アシュトンの実験である。

彼女は男女20名ずつの被験者を集め、それぞれペアを組ませて会話をしてもらった。

そしてこのとき、互いが座る椅子の距離を30センチ、60センチ、120センチ、240センチ、300センチと変化させ、それぞれ会話が終わった後に相手にどのくらい好意をもったかを聞いてみた。

その結果、椅子の距離（つまり相手との距離）が60センチから120センチのときが、最も相手に好意をもつことが明らかになった。

考えてみればこれは当然で、いくら距離が近いほうがいいとはいっても、さすがに息がかかるくらいの距離にまで近づくと、不快感を覚えてしまう。

初対面の相手であれば、1メートルから2メートルくらいが、最も自然な距離といえるだろう。そして少しずつ、理想の60～120センチに近づいていけばいいのである。

しばしば人間関係は「つかず離れず」がいいとされるが、これは相手との物理的距離についても同じことがいえるのだ。

気になる人との適正距離は？

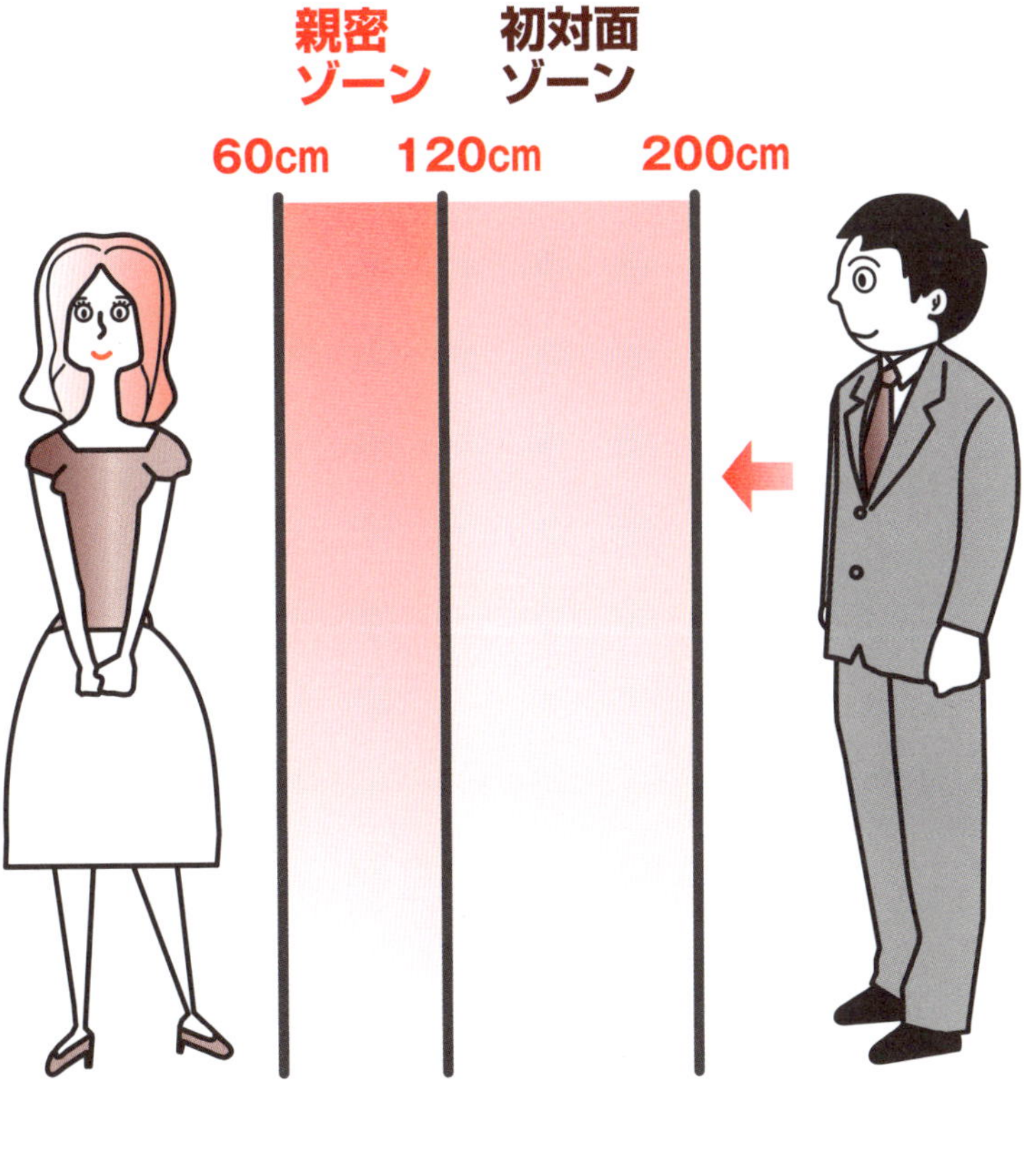
親密
ゾーン
初対面
ゾーン
60cm
120cm
200cm

初対面なら1〜2m、親密になったら60cm〜120cmが適正距離だ

おわりに

本書を読み終えたあなたには、現代社会がいかに「暗示」に満ち溢れたものか、よく理解できたはずだ。

企業の広告はもちろん、人気司会者の話術、政治家の演説、敏腕営業マンのセールストーク、俳優や女優の立ち居振る舞い、人気作家のエッセイ、そして指名でいっぱいのキャバクラ嬢まで……。

人を惹きつけることに長《た》けた人々は、ほぼ例外なく暗示のテクニックを使っていたのだ。

では、たとえばカリスマ経営者の書いたコミュニケーション術の本を読めば、もっと実践的な暗示テクニックが紹介されているのだろうか？

答えは、否、である。

残念ながら、彼らの暗示テクニックは個人的な経験則でしかない。まだ原理原則のレベルにまで昇華されておらず、他者がそのまま真似をしてもうまくいかないことのほうが多い。

その点、筆者は心理学者である。

本書では最新の心理学データをふんだんに盛り込みながら、暗示のメカニズムをひとつずつ解き明かしていった。もちろん、いずれも心理学的裏付けのあるものばかりなので、再現性はきわめて高い。

理解の助けになるよう、各項目にそれぞれ図解を設けたこともあり、凡百のビジネス書とは一線を画す内容になったのではないかと自負している。


この科学万能の21世紀に生きていると、われわれはどうしても自分がすべてに合理的判断を下す、論理的な人間だと勘違いしやすい。

しかし、筆者にいわせると人間はかなりの部分で非論理的だ。

なんとなく商品を購入し、なんとなく相手を好きになり、なんとなく相手の意見を受け入れ、なんとなくこれで正しいと結論づける。

もちろん、この「なんとなくの決断」が暗示によって操作されたものであることは、もはや明らかだろう。

人の無意識に働きかける暗示は、避けようと思ってもなかなか避けられるものではない。自分を論理的だとか合理的だとか過信している人ほど、心が無防備になって暗示のワナにかかってしまう可能性が高いのだ。

なお、暗示テクニックを使うことにためらいを感じる読者もいるかもしれない。

「人をダマしているような気がする」

「ズルいことをしている気がする」

「暗示で人気者になってもむなしい」など、いろんな意見はあるだろう。

しかし、暗示は人をダマす行為ではない。

他者を説得するツールのひとつとして、暗示があるのだ。

筆者の専門は説得学である。

一般に説得というと、「理路整然と相手を説き伏せる」というイメージがあるかもしれないが、それは違う。

人は理屈だけでは動かないし、正論だけでも動かない。誰かを説得し、その人の意見を変えようと思うなら「理屈＋α」の何かが必要なのだ。

そのため本書では、説得学に通じるオーソドックスな暗示テクニックを中心に紹介してきた。

みなさんのビジネスやプライベートに少しでもお役立ていただけることを願いつつ、筆を置くことにしよう。

２００９年６月

内藤誼人

Jones, D. A., & Skarlicki D. P. 2005 The Effect of Overhearing Peers Discuss an Authority's Fairness Reputation on Reactions to Subsequent Treatment. *Journal of Applied Psychology*, Vol.90, No.2, 363-372.

Kamins, M. A., & Assael, H. 1987 Two-sided versus one-sided appeals: A cognitive perspective on argumentation, source derogation, and the effect of disconfirming trial a belief change. *Journal of Marketing Research*, 24, 29-39.

Latane, B., & Bourgeois, M. J. 1996 Experimental evidence for dynamic social impact: The emergence of subcultures in electronic groups. *Journal of Communication*, 46, 35-47.

McCroskey, J. C., & Combs, W. H. 1969 The effects of the use of analogy on attitude change and source credibility. *Journal of Communication*, 19, 333-339.

McMahan, C. R. 1991 Evaluation and reinforcement: What do males and females really want to hear? *Sex Roles*, 24, 771-783.

Murphy, N. A. 2007 Appearing smart: The impression management of intelligence, person perception accuracy, and behavior in social interaction. *Personality and Social Psychology Bulletin*, 33, 325-339.

Peterson, S. J., Gerhardt, M. W., & Rode, J. C. 2006 Hope, learning goals, and task performance. *Personality and Individual Differences*, 40, 1099-1109.

Philips, D. 1984 The illusion of incompetence among academically competent children. *Child Development*, 55, 2000-2016.

Pinto, M. B. 2000 On the nature and properties of appeals used in direct-to-consumer advertising of prescription drugs. *Psychological Reports*, 86, 597-607.

Ptacek, J. T., Leonard, K., & Mckee, T. L. 2004 "I've got some bad news...": Veterinarian's recollections of communicating bad news to clients. *Journal of Applied Social Psychology*, 34, 366-390.

Ramsey, R. P., & Sohi, R. S. 1997 Listening to your customers: The impact of perceived salesperson listening behavior on relationship outcomes. *Journal of Academy of Marketing Science*, 25, 127-137.

Reyna B. C. J., V. F., & Brandse, E. 1995 Are children's false memories more persistent than their true memories. *Psychological Science*, 6, 359-364.

Reevy.G.M., & Maslach, C. 2001 Use of social support: Gender and personality differences. *Sex Roles*, 44, 437-459.

Robinson, J., & Zebrowitz, L. M. 1982 Impact of salient vocal qualities on causal attribution for a speaker's behavior. *Journal of Personality and Social Psychology*, 43, 236-247.

Roy, D. F. 1960 "Banana Time" Job satisfaction and informal interaction. *Human Organization*, 18, 158-168.

Shaffer, D. R., & Ogden, K. 1986 On sex differences in self-disclosure during the acquaintance process: The role of anticipated future interaction. *Journal of Personality and Social Psychology*, 51, 92-101.

Shrauger, S., & Jones, S. C. 1968 Social validation and interpersonal evaluations. *Journal of Experimental Social Psychology*, 4, 315-323.

Smoll, F. L., Smith, R. E., Barnett, N. P., & Everett, J. J. 1993 Enhancement of children's self-esteem through social support training for youth sport coaches. *Journal of Applied Psychology*, 78, 602-610.

Specter, M. H., & Ferrari, J. R. 2000 Time orientations of procrastinators: Focusing on the past, present, or future? *Journal of Social Behavior and Personality*, 15, 197-202.

Suedfeld, P., Roy, C., & Landon, P. B. 1982 Restricted environmental stimulation therapy in the treatment of essential hypertension. *Behavior Research and Therapy*, 20, 553-559.

Tice, D. M. 1992 Self-concept change and self-presentations: The looking glass self is also a magnifying glass. *Journal of Personality and Social Psychology*, 63, 435-451.

Van den Putte, B., & Dhondt, G. 2005 Developing successful communication strategies: A test of an integrated framework for effective communication. *Journal of Applied Social Psychology*, 35, 2399-2420.

VanKleef, G. A., DeDrew, C. K. W., & Manstead, A. S. R. 2004 The interpersonal effects of anger and happiness in negotiations. *Journal of Personality and Social Psychology*, 86, 57-76.

Westmass, J. L., & Silver, R. C. 2006 The role of perceived similarity in supportive responses to victims of negative life events. *Personality and Social Psychology Bulletin*, 32, 1537-1546.

White, K., & Lehman, D. R. 2005 Culture and comparison seeking: The role of self motives. *Personality and Social Psychology Bulletin*, 31, 232-242.

Williams, K. C., & Spiro, R. L. 1985 Communication style in the salesperson-customer dyad. *Journal of Marketing Research*, 22, 434-442.

Worthington, E. L. Jr., Hight, T. L., Ripley, J. S., Perrone, K. M., Kurusu, T. A., & Jones, D. R. 1997 Strategic hope-focused relationship-enrichment counseling with individual couples. *Journal of Counseling Psychology*, 44, 381-389.

Zaragoza, M. S., & Mitchell, K. J. 1996 Repeated exposure to suggestion and the creation of false memories. *Psychological Science*, 7, 294-300.

参考文献

Andersen, P., & Nordvik, H. 2002 Possible Barnum effect in the five factor model: Do respondents accept random NEO personality inventory-revised scores as their actual trait profile? *Psychological Reports*, 90, 539-545.

Annesi, J. J. 2005 Improvements in self-concept associated with reductions in negative mood in preadolescents enrolled in an after school physical activity program. *Psychological Reports*, 97, 400-404.

Apple, W., Streeter, L. A., & Krauss, R. M. 1979 Effects of pitch and speech rate on personal attributions. *Journal of Personality and Social Psychology*, 37, 715-727.

Archer, R. L., & Burleson, J. A. 1980 The effects of timing of self-disclosure on attraction and reciprocity, 38, 120-130.

Ashton, N. L., Shaw, M. E., & Worsham, A. P. 1980 Affective reactions to interpersonal distances by friends and strangers. *Bulletin of the Psychonomic Society*, 15, 306-308.

Barry, R., Ruback., & Juieng, D. 1997 Territorial defense in parking lots: Retaliation against waiting drivers. *Journal of Applied Social Psychology*, 27, 821-834.

Bell, B. E., & Loftus, E. F. 1988 Degree of detail of eyewitness testimony and mock juror judgments. *Journal of Applied Social Psychology*, 18, 1171-1192.

Bowden, R. G., Rust, D. M., Dunsmore, S., & Briggs, J. 2005 Changes in social physique anxiety during 16-week physical activity courses. *Psychological Reports*, 96, 690-692.

Brecher, E. G., & Hantula, D. A. 2005 Equibocality and escalation: A replication and preliminary examination of frustration. *Journal of Applied Social Psychology*, 35, 2606-2619.

Buehler, R., Griffin, D., & Ross, M. 1994 Exploring the "Planning Fallacy" : Why people underestimate their task completion times. *Journal of Personality and Social Psychology*, 67, 366-381.

Buss, D. M., & Schmitt, D. P. 1993 Sexual strategies theory: An evolutionary perspective on human mating. *Psychological Review*, 100, 204-232.

Campbell, L., Lackenbauer, S. D., & Muise, A. 2006 When is being known or adored by romantic partners most beneficial? Self-perceptions, relationship length, and responses to partner's verifying and enhancing appraisals. *Personality and Social Psychology Bulletin*, 32, 1283-1294.

Chebat, J. C., Vercollier, S. D., & Chebat, C. G. 2003 Drama advertisements: Moderating effects of self-relevance on the relations among empathy, information processing and attitudes. *Psychological Reports*, 92, 997-1014.

Chernev, A. 2004 Extremeness aversion and attribute-balance effects in choice. *Journal of Consumer Research*, 31, 249-263.

Claxton, R., Vecchio, S. D., Zemanek, J. E. Jr., & Mclntyre. R. P. 2001 Industrialbuyer's perception of effective selling. *Psychological Reports*, 89, 476-482.

Dillard, J. P., & Fitzpatrick, M. A. 1985 Compliance-gaining in marital interaction. *Personality and Social Psychology Bulletin*, 11, 419-433.

Evans, G. W. 1979 Behavioral and physiological consequences of crowding in humans. *Journal of Applied Social Psychology*, 9, 27-46.

Fizsimons, G. M., & Bargh, J. A. 2003 Thinking of you: Nonconscious pursuit of interpersonal goals associated with relationship partners. *Journal of Personality and Social Psychology*, 84, 148-164.

Forgas, J. P., & Moylan, S. 1987 After the movies: Transient mood and social judgements. *Personality and Social Psychology Bulletin*, 13, 467-477.

Giacalone, R. A., & Riordan, C. A. 1990 Effect of self-presentation on perceptions and recognition in an organization *Journal of Psychology*, 124, 25-38.

Galejs, I., Dhawan, G., & King, A. 1983 Popularity and communication skills of preschool children. *Journal of Psychology*, 115, 89-95.

Giri, V. N. 2003 Associations of self-esteem with communication style. *Psychological Reports*, 92, 1089-1090.

Gross, E. J. 1964 The effect of question sequence on measures of buying interest. *Journal of Advertising Research*, 4, 40-41.

Hall, J. A., Epstein, A. M., DeCiantis, M. L., & McNeil, B. J. 1993 Physicians' liking for their patients: More evidence for the role of affect in medical care. *Health Psychology*, 12, 140-146.

Hancock, D. R. 2000 Impact of verbal praise on college students' time spent on homework. *Journal of Educational Research*, 93, 384-389.

Hebl, M. R., & Mannix, L. M. 2003 The weight of obesity in evaluating others: A mere proximity effect. *Personality and Social Psychology Bulletin*, 29, 28-38.

Homer, P. M., & Kahle, L. R. 1990 Source expertise, time of source identification and involvement in persuasion: An elaborative processing perspective. *Journal of Advertising*, 19, 30-39.

Houston, J. M., Harris, P. B., Moore, R., Brummett, R., & Kametani, H. 2005 Competitiveness among Japanese, Chinese, and American undergraduate students. *Psychological Reports*, 97, 205-212.

Insco, C. A., & Cialdini, R. B. 1969 A test of three interpretations of attitudinal verbal reinforcement. *Journal of Applied Social Psychology*, 12, 333-341.

【図解】

人《ひと》を魅了《みりょう》する暗示《あんじ》の技術《ぎじゅつ》

2009年7月27日　初版第1刷発行

著　者　内藤誼人　ⓒ2009 Naito Yoshihito
発行者　栗原幹夫
発行所　KKベストセラーズ
〒170-8457　東京都豊島区南大塚2-29-7
電話（03）5976-9121［代表］　振替00180-6-103083
http://www.kk-bestsellers.com/
構　成　古賀史健
装　幀　斉藤よしのぶ
DTP　ユーホー・クリエイト
印刷所　近代美術
製本所　積信堂

ISBN978-4-584-13175-6　C0030　Printed in Japan